서양화가 탁용준

연주

그리스도와 함께

베드로의 순종

누이의 추억

엄마 생각

기다림1

사랑2

겨울동화

사슴의 꿈

양귀비 꽃길

누구 시리즈 6

낭만화가 탁용준—2017 누구 시리즈 6
탁용준 지음

초판1쇄 발행 2017년 12월 19일

지은이　탁용준
펴낸이　방귀희
펴낸곳　도서출판 솟대
등　록　1991년 4월 29일
주　소　서울시 금천구 서부샛길 606, 대성지식산업센터 b동 2506-2호
전　화　02)861-8848
팩　스　02)861-8849
홈주소　www.emiji.net
이메일　klah1990@daum.net

제작・판매 연인M&B 02)455-3987

값 10,000원

ISBN 978-89-85863-65-0 03810

주최　사 한국장애예술인협회
후원　문화체육관광부　한국장애인문화예술원

국립중앙도서관 출판시도서목록(CIP)

이 도서의 국립중앙도서관 출판예정도서목록(CIP)은 서지정보유통지원시스템 홈페이지
(http://seoji.nl.go.kr)와 국가자료공동목록시스템(http://www.nl.go.kr/kolisnet)에서
이용하실 수 있습니다.
　　　　　　　　　　　　　　　　　　　CIP제어번호 : CIP2017030909

누구 시리즈 6

낭만화가 탁용준

탁용준 지음

그림으로 전하는 감사와 행복
그리고 사랑

여는 글

웃음, 수다, 노력 3유(有)가 나의 힘

나는 열심히 웃는다. 그리고 말도 많이 한다.
전신마비로 호흡이 짧아서 숨이 차지만 말을 이어 간다. 그리고 나는 정말 그림을 많이 그린다.

29살 여름 수영장에서 다이빙을 하다 사고로 전신마비 장애를 갖게 되었을 당시 결혼한 지 9개월밖에 되지 않은 신혼이었고 예비 아빠였다.

고통 속에서 아기가 태어났다. 아들이었다.
새생명을 보니 정신이 번뜩 들었다.
아들이 컸을 때 아빠가 아무것도 안 하고 침대에 누워서 하루 종일 텔레비전이나 보고 있으면 아들에게 아빠는 무의미한 존재가 될 것 같았다.
아들에게 뭔가를 하는 모습을 보여 주고 싶었다. 그래서 나는 붓을 잡았다.

　벌써 그림을 시작한 지 25년이 지났다. 활동은 왕성했지만 그림으로 경제적인 문제를 해결하지 못하고 있다.

　우리나라에는 미술시장이 형성되어 있지 않아서 전시회에도 지인들이 대부분이고 작품도 연고로 구입을 한다.

　나는 그런 한계를 뛰어넘기 위해 내 작품으로 아트 상품을 만들기도 하고, 회사 사보나 잡지 그리고 각종 인쇄물에 이미지로 사용하는 것을 마다하지 않는다.

　기회가 온 후에 작업을 하면 너무 늦다고 생각하고 먼저 그림 작업을 해서 기회가 왔을 때 바로 내놓을 수 있도록 해야 한다는 신념으로 1년에 100개작 이상을 그리고 있다.

　장애가 심해서 큰 그림을 그릴 수 없다는 편견에 맞서기 위해 모자이크 방식으로 120호까지 작업을 했었다.

　지금 내가 갖고 있는 작품이 1,500여 점이 넘는데 이것이 나의 재산이다.

　아침에 눈을 뜨면 출근 준비를 한다. 개인 작업실이 내 일터이다. 전동휠체어를 타고 한다. 아침 공기를 마시면 머리가 맑아진다.
　직장으로 향하는 바쁜 사람들 틈 속에 나도 포함되어 있다는 것이 뿌듯하다.
　화실 문을 열고 들어서면 그림물감 냄새가 내 몸 구석구석에 스며들어 작품에 대한 의욕이 용솟음친다.

　"오늘은 뭘 그릴까?"

　나는 혼자서 웃고, 혼자서 말하며 축 늘어진 손가락을 펴서 힘을 만들어 주는 미술 보조장비를 손에 끼고 그 사이에 붓을 꽂는다. 그리고 작업을 시작한다.
　웃음, 수다, 노력 3유(有)로 내가 원하는 작품을 만나는 나는 행복한 그림쟁이이다.

앞으로 국내를 넘어 해외에 나의 작품을 소개하여 장애가 끝이 아니라 새로운 시작이라는 메시지를 전달하는 꿈을 갖고 있다.

2017년 겨울
서양화가 탁용준

차례

여는 글―웃음, 수다, 노력 3유(有)가 나의 힘	4
'아름다운 동행 25', 은혼식	10
함께 걷던 길에는 꽃비가 내리고 별이 떴습니다	16
할 수 있었던 일 세 가지	21
모든 걸 포기할 때 만난 길, 그 길에서 얻은 행복	31
포기할 것이 있다면 빨리 포기하세요	35
벼랑 끝에 섰다고 상상해 봐, 길이 보일 거야	39
마음이 그림이 되고 그림이 마음을 알고	43
저 푸른 초원 위에 한 백 년 살고지고	47
그날, 죽음 같은 고요와 침묵의 시간을 지나서	51

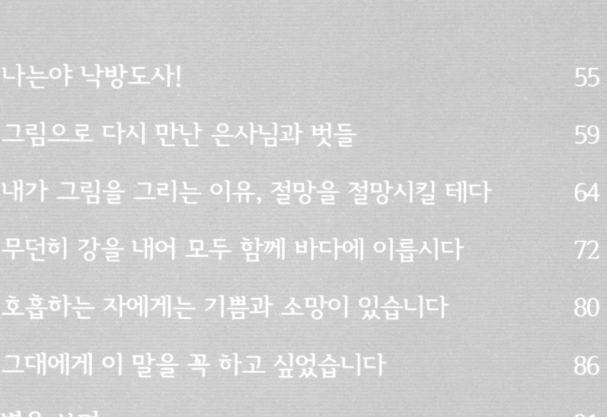

나는야 낙방도사!	55
그림으로 다시 만난 은사님과 벗들	59
내가 그림을 그리는 이유, 절망을 절망시킬 테다	64
무던히 강을 내어 모두 함께 바다에 이릅시다	72
호흡하는 자에게는 기쁨과 소망이 있습니다	80
그대에게 이 말을 꼭 하고 싶었습니다	86
별을 보며	91
더 큰 세계로 힘차게 나아 갑시다	99
아주 특별한 소풍을 마치고 또 한 번 크게 웃으렵니다	102

'아름다운 동행 25', 은혼식

...

　2013년 10월 12일, 양천구 해누리타운 2층 음악 강당에는 아내의 맑고 아름다운 목소리가 제법 넓은 공간을 가득 채우고 있었다. 다소 수줍게 첫 곡 〈Over the Rainbow〉를 노래하는 아내의 얼굴은 상기되어 있다. 순수의 꿈을 담은 목소리로 몇 소절을 이어 간 아내는 "Somewhere over the rainbow bluebirds fly. Birds fly over the rainbow Why then oh, why can't I? if happy little bluebirds fly beyond the rainbow. Why oh why can't I?" 부분에 들어서면서는 곧장 우리의 연애 시절을 상상하고 있는 듯했다. 웃을 때 특히 반달이 되는 눈에 고개를 살짝 기울고 웃음을 담은 입술은 그때의 기억과 감정을 담뿍 담고 있었다.
　그랬다, 우리의 연애 시절은 무지개 너머 파랑새를 좇는 양 희망과 기대, 설렘이 가득했었다. 나는 아내에게 미지의 세계에 있을 무엇이든, 그것이 새이든 보물이든 무엇이든 가져다 주겠노라 스스로 다짐했다. 그리고 내가 줄 수 있는 모든 것을 기쁘게 받아안는 아내의 고운 얼굴을

탁용준·황혜경 은혼식에서 1

낭만화가 탁용준

은혼식에서 2

상상할 때마다 무엇에도 비교할 수 없는 기쁨이 차올랐다.

그 어떤 고민과 두려움도 없었던 연애 시절은 언제 꺼내 보아도 새로 받은 선물인 양 설레고 즐거웠다. 그랬다, 아내와 나, 우리는 첫 만남에서부터 내내 노랫말처럼 꿈과 희망이 가득할 무지개 너머 세계를 상상했다. 아마도 그곳은 절망과 고통이란 있을 수 없고 늘 웃음과 행복과 사랑과 평안이 가득한, 어쩌면 하늘나라와 같은 곳이었을 거다.

아내는 며칠을 고민하여 고른 어여쁜 드레스를 입고 우아하게 올림머리를 했다. 진심으로 노래하는 아내의 모습은 밝고 맑다. 입가에 가득한 미소 때문인지 아내는 조금의, 아주 작은 고통도 없이 편안하고 부드러운 25년, 219,000시간을 보내온 듯 보인다.

25년, 세월이라 할 만큼 짧지 않은 시간이다. 나와 함께한 아내의 시간은 무엇으로 채워졌을까? 이런 생각을 할 때마다 순간 주체할 수 없는 눈물이 왈칵 솟는다. 참 곱고 예뻤던 사람이다. 눈물을 흘릴 때조차 수정 구슬처럼 맑은 눈물방울을 '똑똑' 만들어 내던 사람이었다. 물론 지금도 환하고 예쁘지만 나는 아내의 웃음을 볼 때 뭐랄까 심연에 박힌 고통과 슬픔을 불러내다 지나쳐 온 숙연함에 사로잡힌다. 그 웃음은 분명 솔직한 것이지만 거기에는 우리 부부만이 공유하고 있는 뜨겁고 역동적인, 이러저러한 많은 일들이 자리하고 있다.

첫 곡이 끝나고 사람들의 웃음과 박수가 공연장에 가득하다. 진짜 웃음이다. 그들의 웃음에서는 참으로 오랜 시간을 전신장애인으로 살고 있는 남편과 함께한 아내를 위로하거나 격려하려는 의도가 느껴지지 않는다. 그들은 우리 부부가 웃고 웃으며 살아온 25년의 시간을 우리 부부가 되어서 축하하고 있다. 어쩌면 자리에 함께한 사람들은 후딱 지나가 버린 자신의 '부부의 시간'도 새삼 생각했었으리라.

몇 벌의 드레스를 바꿔 입은 아내는 자신이 공주가 된 것 같다면서 소녀처럼 웃고 있다. 저 웃음이 참 좋아서 결혼했는데, 자주 보았던 웃음이지만 25년이 흐른 지금 다시 보노라니 불쑥 미안한 마음으로 코끝이 찡하다. 참 고마운 사람, 참 순수한 사람, 내 아내 '황혜경', 아니 황 공주에 대한 존경과 감사의 마음을 어찌 다 말로 할 수 있을까.

'너 없으면 못 살겠다.'던 신혼의 달콤했던 순간과 '너 때문에 못 살겠다.'던 젊은 부부의 호기롭던 분노도 25년의 시간은 너그럽게 감싸 안아 오늘을 만들었다. 시간은 우리를 서로 바라보며 성장하고 어른이 될 수 있도록 가르쳤다.

아내의 노래가 끝나고 뒤이어 '흄노스선교중창단'과 '정광영' 테너의 협연이 이어지며 음악회는 절정에 다다랐다. 모두가 하나 된 감동의 순간에는 우리 부부의 25년의 시간을 곁에서 지켜봐 주고 사랑으로 응원하며 동행해 주신 분들의 축하와 감동, 저마다의 추억과 기억이 보태지면서 더욱 풍성한 감사와 의미가 채워지는 시간이 되었다.

우리 부부의 25년 은혼식을 기념하는 공연장은 예상대로 많은 지인들의 축복으로 들썩였다. 아내의 다채로운 연주와 함께 다음 날 정식

열리는 나의 그림 전시는 25년 우리 부부의 이야기를 담뿍 담은 작품들이었다.

나는 첫 번째 전시회도 아니었건만 설레고 들뜬 마음을 종일 감출 수 없었다. 그 마음 때문이었는지 마지막까지 준비에 분주했던 아내의 모습도 더욱 아름다웠고 찬양의 목소리 또한 천사를 닮아 있었다. 그리고 듬직하게 우리 곁에 서서 지켜 주고 있는 아들 녀석의 등판과 허벅지는 어찌 그리 널찍하고 튼실해 보이던지 3일의 시간 내내 그저 모든 것이 감사이고, 감사할 수밖에 없는 순간의 연속이었다.

공연장을 찾아 준 오랜 지인들은 공연 시작 전부터 '큰 기대감을 안고 찾았다.'라며 설레는 부담을 안겼고, 또 한 친구는 '금혼식은 어떻게 할거냐.'며 벌써부터 앞으로의 25년을 기대했다. 지인들은 우리 부부보다 더 큰 기대와 감사로 연실 웃었고 내내 흥분된 목소리였다.

나도 덩달아 가볍게 들떠 있었다. 감사의 말과 넘치는 은혜의 감탄이 연실 뿜어 나왔다. 그것은 무사히 25년의 결혼 생활을 해 온 것에 대한 감사와 이를 축하해 준 지인들의 박수와 응원의 말뿐만 아니라 우리가 서로 주고받는 웃음 때문이었다. 순수한 기쁨이 만든 웃음이야말로 진정한 힘이 되고 응원이 되기 때문이다.

함께 걷던 길에는 꽃비가 내리고 별이 떴습니다

...

　아내의 연주와 함께 이틀 간 전시회를 가졌던 내 그림은 첫사랑의 마음을 담은 '연인'과 '행복'에 관한 시리즈였다. 나는 우리의 첫 만남과 오직 이성에 대한 설렘으로 가득했던 신혼과 이후 사랑을 배워 갔던 시간의 여러 모습을 '동행'이란 제목으로 캔버스에 담았다. 37편의 작품은 한 쌍의 사슴이 뛰놀고 한 쌍의 연인이 한 곳을 바라보며 조용하고 겸손한 소망을 키우는 모습이다.
　오직 세상이 펄펄 끓는 사랑으로 가득하기만 했던 지난 시간을 되돌아 보니 부끄럽기보다는 그것도 추억의 한 장면처럼 오랫동안 간직하고 싶어졌다. 열정에 달떴던 그 시절은 그래도 그만큼의 순수를 담지하고 있었기 때문이다. 작품을 완성하는 과정은 연실 아내와 나의 젊음을 소환하는 즐거움과 새삼 수줍음이 와락 엄습하는 경험의 연속이었다.

전시회에서

아내는 은혼식 연주와 전시를 마치고 감사의 글을 썼다. 25년을 부부로 살아온 것에 감사하고 늘 부족하다고 생각하는 나에게 존경의 마음을 보여 주는 내용이었다. 특히 나를 존경한다는 아내의 말은 보람되고 가슴 벅찬 기쁨을 주었다. 거의 매일 밤 함께 차를 마시며 하루의 일을 이야기하지만 글로써 서로에 대한 마음과 생각을 전하고 함께 보낸 시간의 의미를 되새겨 보는 것은 그대로 큰 의미가 되었다. 우리 부부는 금혼식을 기약하며 앞으로 함께 걸을 25년을 어떻게 살 것인지 계획하고 서로의 마음을 다짐하게 될 것이기 때문이다.

"매일 너를 보고~
너의 손을 잡고~
내 곁에 있는 너를 확인해~

창 밖에 앉은 바람 한 점에도~
사랑은 가득한 걸~ ……."

27평 아파트, 저의 표현으로는 코딱지만한 곳에서 20여 년을 살고 있습니다. 가구와 인테리어에 관심이 많은 저는 남편이 휠체어로 가구를 긁고 다니는 것이 속상해서 남편의 자존심을 상하게 하는 표현을 해서 남편에게 스트레스를 줍니다. 참으로 철없는 아내인 것을 저도 압니다. 이런 저를 최고라고 늘 사랑해 주는 저의 남편은 휠체어 생활을 한 지 25년이란 세월이 흘렀어도 언제 휠체어 생활을 마감할지의 기약도 없는 삶을 살고 있어도 평범한 사람들은 상상도 못할 만큼 혼자서는 아무것도 할 수 없는 하루하루 힘든 삶 속에서도 25년을 웃음과 감사를 보여 준 특별한 사랑을 가진 참 착한 사람입니다.

지난 10월에 저희 부부는 결혼 25주년 은혼식을 했습니다. 한 250년 산 것처럼 저희 부부에게는 25주년이 참 귀하고 특별했습니다. 25주년을 디딤 해야만 앞으로 살아야 할 여생에 다시 용기가 생길 것 같아서 꼭 저희 부부에겐 은혼 기념이 필요하다고 생각했습니다.

지금까지 지내온 것도 감사하지만 앞으로 지낼 시간들을 책임져야 할 용기가 더 필요했습니다. 그래서 '아름다운 동행 25'라는 주제로 화가인 남편은 '동행' 그림 40여 점을 전시하고 저는 I 사랑—달콤한 초콜릿처럼, II 사랑—인내와 기다림의 시간을 넘어서, III 사랑—아름다운 동행25라는 주제로 지금까지 인도해 주신 주님과 많은 분들께 감사의 뜻을 전하는 콘서트를 했습니다. "Someday 세월이 흘러 그날이 오면 알게 되리 우리 두 손 모아 기도하리. Someday 새로운 세상 그날이 오면 알게 되리 우리 두 손 모아 기도하리. 그날 위해 믿어 희망의 밝은 날 그날이 빨리 오리란 걸~"

하나님과 많은 분들께 늘 부족하고 연약한 삶이지만 열심히 감사하며 살고 있음을 확인하는 감동의 시간들이었다는 생각에 더욱더 남은 삶에 대한 용기가 생겼습니다. 생명 주심에 감사하고 구원하심에 감사하며 절망 중에 위로를 주신 주님이 계시기에 늘 희락과 평강이 넘치는 남은 삶을 살고 싶은 소망이 생겨서 더욱더 감사가 생겼습니다. 불편한 몸으로도 늘 나를 사랑해 주고 웃음과 감사를 잃지 않는 남편 탁용준에게 큰 박수를 보내며 나의 존경하는 남편이 되어 준 것에 더욱더 감사를 드립니다.

> 널 만난 세상~
> 더는 소원 없어~
> 바램은 죄가 될 테니까~
>
> 시월의 어느 멋진 날에
> _탁용준 아내 황혜경

아내는 나에게 감사한다고 했다. 불편한 몸으로 자신을 사랑해 준 남편에게 고맙다는 말이 뭉클하다. 그러나 늘 아쉽기만 한 내 사랑을 기뻐 받고 감사해하는 아내의 사랑에 나 또한 깊이 감사하다. 아내와 나, 우리가 서로 감사하고 존중하는 태도야말로 긴 시간을 함께할 수 있는 힘이었음을 새삼 확인한다. 앞으로도 이를 잊지 않고 계속, 힘차게 함께 걸어갈 것을 다짐한다.

"사랑하는 아내 황혜경, 나답게 살 수 있도록 해 줘서 고마워요. 당신도 당신답게 살 수 있도록 최선을 다 할게요."

할 수 있었던 일 세 가지

...

좋은 시인이며 훌륭한 목회자이신 김효현 목사님은 올봄에 있었던 개인전에서도 그런 말씀을 하셨다. "탁용준 화백은 잘 웃는다. 해맑다. 헤픈 웃음이 아니라, 삶을 있는 그대로 받아들이는 긍정적인 웃음이다. 50대 후반의 그에게 개구쟁이 소년의 웃음기가 눈가의 주름으로 그대로 자리잡고 있다." 또 "그는 말도 많다. 만나면 잠시도 다소곳이 눈을 내리깔고 있는 법이 없다. 아프면서도 무슨 할 말이 그리 많을까." 목사님은 나의 웃음과 말, 긍정적 생각이 '타고난 천성'이라고 하셨다.

목사님 말씀이 옳다. 나는 잘 웃고 스스로도 다소 수다스럽다고 느낄 때가 있을 만큼 말하기를 좋아한다. 나도 놀랍지만 노력해서는 아니다. 그냥 즐겁고 기쁘다. 만나는 모든 사람이 반갑고 고맙다. 하루는 새롭고 낯선 일들로 가득 차고 그때마다 프리즘을 통과한 빛처럼 다채로운 감정들이 솟는데 어떻게 잠시라도 '신기하고, 궁금하고, 놀라운, 하루!'와 그 속에서 만난 사람들을 즐거워하고 좋아하지 않을 수 있겠는가. 숨 쉬는 것조차 경이롭고 행복한 일인데 말이다.

그래, 호흡마저 기적과도 같은 일, 지금으로부터 28년 전 여름, 그날의 일은 내가 이전과는 완전하게 다른 삶을 살도록 한 사건이었고 동시에 나를 복권에 당첨된, 엄청나게 운이 좋은 사람으로 만들어 준 행운이기도 했다. 1989년, 나는 갓 결혼하여 모든 것이 아름답게만 보이고 세상 모든 사람과 일들이 나를 위해 존재하는 것인 양 자신만만했고 매일이 즐거웠다. 아내와 나는 서로를 바라보면서 미래에 대한 구체적인 욕망과 계획을 크고도 자세하게 세우기 바빴다. 그리고 그것을 다 이룰 수 있을 만큼의 물질적 기반도 마련되어 있었고 무엇보다 잘할 수 있고, 앞으로는 더 잘할 수 있다는 자신감도 넘쳤다. 나는 풍요로운 물질을 통해서 내 아내를 이 세상에서 가장 행복한 여자로 만들어 줄 수 있다고 확신했다.

나는 두려운 것이 없었고 나를 막을 어떤 장애물도 존재하지 않는다는 청년의 패기와 용기(지금 생각해 보면 패기와 용기는 치기와 교만이었다)로 가득 차 있었다. 분명히 그랬다. 그러나 그러한 자신감은 오래가지 못했다. 사랑하는 여자와 결혼을 하고, 건강한 아이를 낳고, 사업이 번창하고, 부유한 생활을 이어 가는, 순탄하리라 확신한 내 삶의 계획은 완전하게 다른 방향으로 틀어졌다. 완벽하게 다른 세상을 맞닥트리게 된 것이다.

나를 바꾼 사고는 그해 여름 온가족이 함께 갔던 수영장에서였다.

나는 가족이 모두 모여서 준비한 음식을 나누며 웃음이 한창 무르익고 흥겨웠을 즈음 수영장 가장자리의 가운데에 마련된 다이빙대에 올랐다. 아내 앞에서 멋지게 다이빙 하는 모습을 보여 주면서 나의 떡 벌어진 어깨와 긴 다리, 진심으로 '착한 몸매'를 자랑하고 싶었다. 나는 환호하는 가족들에게 손을 흔들어 주고는 당당하게 다이빙대를 구르며 수영장으로 입수하려고 계획했다. 이를 위해 정확한 동선과 입수 직전 포즈까지 생각하면서 머릿속으로 연습하고 또 연습했다. 완벽한 계획이었다. 오늘 나들이의 완벽한 피날레가 착착 진행될 예정이었다.

다이빙대를 멋지게 구르고 드디어 곧게 뻗은 몸으로 입수하는 순간이었다. 얼굴에 찬물 닿는 느낌이 번쩍 있은 후로는 암전(暗轉), 기억이 없다. 나는 열흘 동안 어둠과 긴 잠 속에 있었단다. 깨어나고서 들은 이야기이다. 나는 꿈속에서 어디에 있었고, 어떤 꿈을 꾸고, 어디를 걷고, 누구를 만났는지, 어떤 느낌과 마음이었는지, 어떤 생각을 했는지, 하나도, 아무것도 기억하지 못했다.

간혹 텔레비전에서 보면 오랫동안 깨어나지 못했던 사람들이 기적적으로 깨어나서는 죽음 근처까지 갔다왔노라며 이야기하던 말은 얼마나 신비로웠던가. 그들은 돌아가신 아버지를 만나 술 한잔 했는데 아버지가 다시 돌아가라 했다거나, 어떤 신사를 따라가다가 발을 헛디뎌 살아났다거나, 할머니나 할아버지가 나타나서는 울면서 쫓아가려는 자신을 매정하게 뿌리치고 등을 돌려 세웠다는 등의 이야기를 신나서 하지 않던가. 그러나 나는 아무 기억이 없었다. 그저 떠오르는 생각은 캄캄한 어둠뿐이었다. 뭔가 드라마틱한 장면이 없었던 것이 못내 아쉽지만 그래도 깨어나 가족 얼굴을 다시 볼 수 있었다는 것은 한없이 감사하고 감사한 일이었다.

찌릿한 느낌이 간간이 이어지고 눈꺼풀이 떨리는 느낌을 인지하며 간신히 눈을 떴다. 나는 뿌옇게 흐려지는 시야와 멍한 울림이 머리를 맴돌고 있는 느낌이 계속되는 속에서 아내를 부르려 목에 힘을 주었다. 그러나 목소리는 나오지 않았다. 괜한 바람이 목구멍으로 밀려 들어왔다. 창피하고 허무해서 다시 눈을 감아 버리고 싶었다. 아내가 나를 보며 눈물을 쏟았다.

울고 있는 아내의 손을 잡고 얼마나 놀랬냐고 말해 주고 싶었는데 이상하게도 그 말은 소리를 내지 못했다. 내 말이 몸 안으로 자꾸만 숨어드는 것처럼 느껴졌다. 분명 웃고 있으면서도 눈물을 흘리는 아내의 얼굴을 만지면서 위로하고 싶었지만 팔이 움직이지 않아서 당황스럽기만 했다. 아니 그 생각 뒤에는 내 팔이 어디에 있던 것인지도 생각나지 않을 만큼 아무런 감각도 없었다. 분명하게 내 몸 어디에 팔이 있는지, 또 다리가 어디에 있는지는 알고 있으면서도 이미 팔과 다리는 내 의지 바깥으로 나서 버려서 내 몸이 어떻게 생겼는지 혼란스러워졌다. 내가 아내와 가족, 친구들과 같은 몸을 가지고 있는 것인지 의심스러워졌고 영화에서 보았던 외계인의 몸으로 바뀐 것은 아닌지 황당무계한 상상도 서슴없이 작동했다.

순간 두려웠다. 빠르게 공포가 달려들었다. 아내의 손을 잡아 주지 못하고 고개를 옆으로 돌릴 수 없었다. 나는 너무나 크게 놀라고 당황해서 머리가 하얘지는 것 같았다. 통증도 느껴지지 않는 고요한 가운데 내 몸과 마음이 마음대로 움직여지지 않는 상황이 현실이 아니라 꿈인 것만 같았다. 이렇게 선명하게 아내와 어머니, 아버지의 얼굴이 보이고 누이들의 눈물에 미안함과 속상한 마음이 가득한데, 그들이 주무르는 것이 위치상 내 발인 것 같은데 아무 느낌도 없으니 차라리 이대로 모든 것이 끝나 버리기를 바라는 것이 나을 것 같았다. 훌쩍이는 그들의 눈물을 닦아 주고 싶었지만 손이 움직이지 않으니 참담함에 죽고 싶었다.

경추 4번과 5번 손상으로 인한 전신마비, 나중에 안 사실이지만 주치의는 내게 남은 시간(여명, 餘命)이 13년 정도라고 했다. 그 시간마저도 침대에 누워서 지내야 하며 아무것도 할 수 없을 거라고 했다. 아내는 그 소식을 이제 막 뱃속에서 생명을 틔우고 있는 우리의 아기와 함께 들어야 했다.

'다 끝났다.' 그 사실을 알고서 퍼뜩 든 생각은 그것이었다. 내가 유일하게 할 수 있는 일이란 이렇게 침대에 누워 눈만 깜빡거리다가 이내 숨을 거두는 것이란 사실은 절대 바뀔 수 없었다. 그렇다면 죽어 버리자는 결심도 사치였다. 그러나 나는 그런 생각을 아내와 누이들과 그리고 사랑하는 가족들에게 말할 수 없었다. 나도 모르게 불쑥 짜증을 내게 될지라도 그 말은 할 수 없었다. 나를 살리려는 그들의 의지가 너무나 강했고, 나를 두고 간절하게 갖는 희망이 너무나 선명했기 때문이다. 가족, 사랑의 눈물로 뭉친 이들.

나는 아내와 누이들에 대한 고마운 마음을 다시 일어설 힘으로 전환시켜 재활운동을 시작했다. 모든 것이 힘들었지만 사랑하는 가족들을 위해서 포기하지 않는 모습을 보여 주고 싶었다. 누구보다 신체 건강했고, 또 열심히 건강의 중요성을 설파하면서 경기도에서 제법 큰 규모의 스포츠센터를 운영했던 내가 아니었던가. 그리고 아내의 배 속에서는 귀한 생명이 자라고 있지 않은가. 나는 가까운 미래에 태어날 내 아이에게 부끄럽지 않은 아버지가 되고 싶었다. 정말 강하고 자랑스러운 아버지가 되고 싶었다.

누워 있으면서 할 수 있는 일을 생각해 보니 대략 세 가지 정도였다. '가르치는 일', '구족화가', 그리고 '글쓰기'. 목 아래로 움직일 수 없는 내 몸을 데리고 할 수 있는 일은 극히 제한적이었다. 곰곰이 생각하다 보니 어린 시절부터 좋아했던 그림이 떠올랐다. 잊고 있었던 그림의 즐거움이 살아났다. 나는 자연스럽게 그림을 통한 재활을 꿈꾸게 되었다. 비로소 꿈과 새로운 목표가 자리잡고 있었던 것이다.

그러나 생각이 곧장 실천으로 이어지기란 참 어려운 일이었다. 몸 상태가 무엇인가에 새롭게 도전하려는 의지를 잡아 앉혔다. 첫째는 수영장 다이빙 사고 때 폐에 물이 많이 차서 심한 폐렴으로 상태가 좋지 않았다. 또, 목뼈 골절은 수술도 못하고 골절 부위를 그냥 굳을 때까지 기다리는 고정 트렉션을 3개월 반 동안 해야 해서 오로지 침대에 묶여 지낼 수밖에 없었다. 어떤 것 하나 내 의지대로 할 수 없는 병상 생활의 스트레스는 점점 극에 달하고 있었다.

하루하루 극심한 스트레스를 달래고, 참고, 누르면서 재활 치료가 계속되었다. 어쩌면 재활 동작을 반복하는 것보다 금방이라도 포기하고 싶은 유혹을 잠재우는 것이 더 어려웠다. 재활을 위해서는 누워 있는 몸을 앉을 수 있도록 일으켜 세우고 두터운 끈으로 몸을 묶어 지탱했다. 힘들었다. 온몸에 경련이 일었고 그럴수록 몸은 자꾸만 아래로 축 처졌다. 진땀을 쏟으면서 이를 악물고 견뎠다.

처음에는 무참히 쓰러져 버리는 내 상황에 절망했다. 잠깐의 멈춤도 없이 물 흐르듯 스르륵 쓰러져 버리는 내 몸을 바라보니 믿을 수 없고 당황스러워서 헛웃음도 났다. 긴 한숨만 꼬리를 물며 이어졌다. 그러나 나는 참기 어려운 절망과 황망함을 곧 잊었다. 솔직히 말하면 잊기로 했다. 가족 모두가 애처롭게 바라보던 내 모습에 스스로 연민을 갖지 않기로 했다. 나는 가장이었고 곧 태어날 아기를 생각하면 현실과 내 자신에 대해서 하루빨리 인정하고 지금 할 수 있는 일을 찾아서 해내는 든든한 기둥이 되어야 했다. 나는 정말 그러고 싶었다.

고통의 시간이 지나가고, 고통을 이겨 내려는 내 의지가 점점 강해질 때쯤 사고 이후 남은 시간을 '침대에 누워 지낼 수밖에 없다.'는 처음의 진단은 바뀌었다. 물론 이러저러한 문제가 있었고 언제든 달라질 수 있는 위험한 일이 발생할 수 있지만 나는 이전과 확연히 다른 상태가 되었다. 주치의를 비롯하여 입원했었던 신촌 세브란스병원 재활의학과 의사 선생님들은 병실을 오가면서 뜨거운 응원과 함께 희망의 이야기를 나누기 시작했다.

"잘 이겨 내 준 것 같아서 고맙습니다. 힘내십시오."

"며칠 후에는 선생님의 상황에 대해서 또 다른 이야기를 할 수도 있겠습니다."

"다른 환우들에게 귀감이 되고 계십니다."

"탁 선생님이 여기 있는 환우들에게 병원이 해 줄 수 있는 어떤 치료보다도 훌륭한 치료를 하고 계십니다. 고맙습니다."

부끄러운 남편, 시시한 아버지가 되지는 않겠다는 개인적인 결심이었건만 내 상황이 다른 이들에게 희망이 되고 있다니 기쁘고 감사한 일이었다. 어떤 상황에서건 절망하지 않고 버틴다면 결국에는 좋은 일이 생긴다는 당연한 말이 현실로 된 것 같아서 놀라웠다.

그러나 재활병원에서 1년 가까이 받은 훈련이라고는 휠체어에 앉는 방법과 어떻게든지 보조기를 끼고 밥을 먹는 정도였다. 밥을 혼자 먹는 것은 끝내 실패하고 퇴원을 한 상태였다. 그저 앉아 생활할 수 있게 된 것만도 감사했다. 처음에는 눈 깜짝 하는 시간만큼 앉아 있던 내가 휠체어에 앉아서 조금씩 생활할 수 있을 만큼 된 것이다. 물론 몸과 휠체어를 묶고 있어야 했지만 나는 침대에 누워 천장만 바라보다 눈 감을 끔찍한 미래의 고통에서 자유로울 수 있다는 사실만으로 충분히 감격하고 감사했다.

9개월간의 신촌 세브란스 재활병원에서의 시간이 흐르고, 퇴원을 하였으나 부모님은 치료를 포기할 수 없었다. 다른 치료법을 백방으로 알아본 결과 수술을 하지 않은 척수환자는 한방치료가 가능하다는 풍문을 듣게 되셨던 것 같다. 부모님께는 달콤한 이야기가 아닐 수 없었다. 아들을 살릴 수 있다니 당연할밖에. 부모님은 무엇이든 붙잡아야만 희망이란 것을 기대할 수 있었던 것이다.

부모님은 당장 나를 강남 모 한의원에 3개월 동안 입원시키셨다. 3개월 동안의 치료비용은 당시 안양의 조그만 아파트 전세 금액이었다. 그러나 별 다른 차도는 없었다. 세브란스병원을 나선 그때의 모습 그대로였다. 나는 부모님의 결정이 부모로서의 안타까움인 것을 잘 알고 있었지만 그래도 처음 얼마간은 희망을 가졌던 것 같다. 나는 별 소득 없는 퇴원을 하면서 이전보다 더 많이 심리적으로 위축될 수밖에 없었다.

세브란스 재활병원에 입원했을 때 옆 병실에는 경추손상 환자인 구족화가 '김기철' 씨가 입원을 했었다. 그분 또한 나처럼 수영 사고로 다쳤기 때문에 가깝게 지냈다. 그는 나보다 앞서 사고를 만난 '장애인 생 선배'이기도 해서 따뜻하고 친절하게 여러 가지 조언을 해 주었다. 그는 내가 한방병원에 입원해 있다는 소리를 듣고 곧장 찾아와서는 한의학으로 척수를 회복시킬 수 없다고 얘기했다. 또, 그 치료비를 의료장비를 구입하는데 쓰는 것이 유용하다면서 한방병원에서 빨리 나오기를 권고했다. 투병했던 긴 시간 동안 이러저러한 일들도 참 많았고 그때마다 나름 정리된 생각도 롤러코스터를 타듯 흔들리고 감정도 요동쳤다. 돌아보면 그때의 가족과 나를 위로하고 싶은 마음 절절하다.

나는 집으로 돌아오면서 그림을 좋아하고 화가가 되고 싶었던 청소년 시절의 꿈을 소환하여 응원하고 화가의 꿈을 포기할 수밖에 없었던, 알 수 없을 만큼 마음 깊은 곳에 묻어 두었던 아쉬움을 불러내 위로하기로 작정했다. 그리고 그림 그리는 일, 그것을 다시 태어나서 새롭게 시작하는 내 인생의 가장 귀하고 자랑스러운 일로 삼아 열정을 쏟기로 다짐했다.

"자, 다시 시작이다!"

모든 걸 포기할 때 만난 길, 그 길에서 얻은 행복

...

진짜 장애는 육체적인 게 아니라 희망을 잃는 것이다. 장애 때문에 희망을 잃었다면 그것은 곧 가족의 불행이 된다. 나는 사고 후 손가락 하나 움직일 수 없는 내 육체의 장애가 두렵고 무서웠다. 그대로 잠든 채 죽어 버리고 싶었고 누군가 나를 병원 옥상에서 밀어주었으면 좋겠다는, 그런 부끄러운 생각도 잠깐이나마 여러 차례 했었다. 그러나 그러한 죽음의 유혹을 스스로 물리칠 수 있었던 것은 가족 덕분이었다.

매일 곁에서 환하게 웃는 아내와 그림을 할 수 있을 거라는 희망과 의지로 퇴원도 하기 전부터 백방으로 뛰어다니는 누이들의 수고는 나를 주저앉지 못하게 했다. 나는 혼자가 아니었다. 그러므로 장애를 가진 현실과 거기에서 생산된 갖가지 혼란스런 생각과 감정들도 나 혼자만의 것이 아니었다. 나는 살아 보겠다는 생각 말고 어떤 것에도 섣부른 결정을 할 수가 없었다. 희망을 이야기하는 누이들의 힘찬 목소리와 아내의 환한 웃음, 낮게 읊조리다 가끔 콧노래로 키워진 찬송을 '모른다.' 할 수 없었기 때문이다.

그리고 같은 병실에 입원해 있던 구필화가 김기철 화백의 너그러운 웃음과 조심스럽던 충고 또한 미술을 하는 데에 분명한 동기가 되었다. 그는 내게 "우리가 할 수 있는 일은 거의 없어요. 그림을 그리면 행복하죠." 말했다. 지금은 고인이 되었기에 때때로 진하게 그리운 김기철 화백의 말은 당시 내 마음에 큰 울림이 되었다.

나는 퇴원 직후인 1991년부터 본격적으로 그림을 그리기 시작했다. 퇴원해 오니 이미 집에는 각종 화구가 준비되어 있었다. 나를 응원하는 가족들의 마음을 다시 한 번 확인할 수 있었다. 나는 입에 붓을 물고 선을 긋는 것부터 연습했다. 일단 시작하면 비켜 갈 생각 따위는 하지 않는 사람인지라 내가 할 수 있는 한 붓을 꽉 물고 열심히 연습했다. 그러다 보니 턱관절이 욱신거렸고 입안이 헐기 시작했다. 며칠을 그렇게 해 보니 이 방법은 아닌 것 같다는 생각이 들었다. 그리고 곧장 들어선 생각, 그래도 오른쪽 어깨를 좀 쓸 수 있으니 다른 방법도 있을 것 같았다.

할 수 있는 것을 찾았으니 그것에 매진하기만 하면 또 다른 세상을 만날 수 있을 것이란 희망으로 하루를 버텼다. 아니, 최대한 즐겁게 지내려고 노력했다. 그러나 절망이란 놈은 지치지도 않는지 끊임없이 달려들었고 가끔은 그 녀석에게 크고 작게 휘둘렸던 것도 같다. '여기가 끝인가?', '이것이 나의 한계인가?'라는 고민에 빠졌지만 늘 생각은 어떻게 하면 그림을 잘 그려 볼 수 있을까 하는 것이었고 수백 번 줄긋기 연습은 멈추지 않았다.

가족들도 그런 내 마음을 눈치채고 안타까워했고 내가 알지 못하게 저마다 나름의 방식으로 이겨 내려고 노력했던 것 같다. 하루는 가족의 얼굴을 보는데 한 명도 웃지 않고 있었다. 그들은 내가 사고를 당한 이후 저마다 힘차게 생활하고 있었지만 웃음을 잃어버렸던 것이다. 내가 입을 다물면 같이 말을 안 하고, 내가 웃으면 그제야 함께 웃는 가족의 모습을 보는 것은 큰 고통이었다. 장애인은 나 하나면 되는데, 나로 인해 가족 모두 장애인이 되어 가고 있었기 때문이다.

나는 또 새롭게, 한 번 더 결심하고, 결심하고, 다짐해야 했다. 그림 그리는 일로 다시 일어서서 이전처럼 든든한 버팀목이 되어 가족들과 함께하리라는 결심과 결의는 그때마다 입술을 지그시 깨무는 것으로 다져지고 있었다.

나는 남아 있는 어깨 힘으로 그림 그릴 수 있는 방법을 생각해 보았다. 손가락과 팔은 움직이지 못하지만 약하게나마 남아 있는 어깨의 힘을 이용한다면 가능할 것도 같았다. 나는 아내에게 오른쪽 검지와 중지 사이에 붓을 끼워 달라고 하고 그것을 고정하기 위해서 장갑을 꼈다. 그런데 몇 시간이 지나지 않아서 살갗이 벗겨지고 움직임도 편치 않았다. 병원에서 내 손에 맞춰 제작한 기구 또한 며칠 못 가 불편함을 느꼈기에 내 손에 맞지 않는 것을 분별해 내는 것은 어려운 일이 아니었다.

무엇이 좋을까 궁리하던 끝에 테니스 칠 때 쓰는 손목보호대가 떠올랐다. 아내에게 그것을 끼워서 손과 붓을 고정시켜 달라고 부탁했는데 그렇게 하고 보니 제법 움직이는 것이 이전과 다르게 섬세해진 것 같았다. 물론 어느 것 하나 수월하게 되는 것은 없는지라 더 편하다고 할 수는 없었지만 기왕에 그림 공부를 하기로 마음먹은 바에야 내가 잘할 수 있는 방법을 찾는 것에 적극적일 수밖에 없었다.

포기할 것이 있다면 빨리 포기하세요

...

본격적으로 그림 공부를 시작하면서 주위에서 나같이 몸이 불편한 분이 그림 작업하는 이야기를 듣게 되었다. 호기심과 반가움에 가족들 도움으로 그분이 작업하는 공간을 방문하게 되었고 그 방문이 계기가 되어 더욱 자신감이 생겼다. 그분 덕분에 비전공자로서 깨달은 부족한 부분을 본격적으로 공부할 수 있는 용기도 얻었다. 나는 보다 전문적이고 체계적인 지도를 받기 위해서 H대학교 미술교육원에 입학했고 본격적으로 열심히 공부했다.

또, 병원에 같이 입원한 H목사님과는 종종 휴게실에서 만나 신앙과 미래의 이야기를 나누면서 우리 같은 사람을 위한 선교센터를 만들자는 공동 비전을 갖게 되었다. 목사님은 가족들을 통해서 내가 그림에 관심이 많다는 것을 알게 되셨고 곧장 장애인들을 위한 그림동아리를 계획하셨다.

H목사님은 목회자이자 화가인 P목사님을 소개해 주셨다. P목사님은 그룹지도를 해 주셨는데 독특한 P목사님의 성격과 수업방식으로

많은 분들과 갈등이 있었다. 나중에 알게 된 이야기지만 P목사님은 내가 너무 중증장애인이라 그림을 가르치는 것이 부담스럽고 힘들 것 같아 어떻게 하면 탁용준 씨를 떨쳐 버릴까 생각하며 말도 안 되는 숙제와 과제물을 내주었다고 한다. 사실 과제가 굉장히 많았다. 나는 당시 받은 숙제가 너무나 황당한 것이라고 생각했지만(다음 주까지 열장 혹은 스무 장, 매번 몇 십장씩 스케치를 해 오라는 숙제) 묵묵히 준비했고 나중에는 오기가 생겨서 마지막까지 모든 숙제를 완벽하게 제출했다. P선생님을 모시고 공부한 4년 동안 참 우여곡절도 많았다. 그러나 지금은 어렵게 어렵게 했던 미술 공부만 기억할 뿐 그분에 대한 조금의 원망과 서운함도 없다. 그저 또 하나의 가르침을 주신 분으로 기억할 뿐이다.

생각해 보면 P목사님은 첫 만남에서부터 무한한 긍정의 힘을 나눠 주셨다. 장애를 인정하고 지금 할 수 있는 일을 찾아 새로운 삶에 도전하려는 내 생각을 기뻐하시며 열심히 돕겠노라 하셨다. 가끔은 황당한 이야기와 행동을 보이셨지만 늘 '잘해 보자.'며 환하게 웃으셨다. 그리고 나의 그림 그리기가 다른 장애인들에게도 새 소망을 주는 일이 되면 좋겠노라며 그 '위대한 걸음'의 시작을 본인도 함께하고 싶다시며 또 한 번 크게 웃으셨다. P목사님은 괴짜이셨지만 분명 '내공이 있는 화가'이셨다.

나는 매일 그림 구상과 작업으로 시간을 보냈다. 매일 몇 권의 화집을 탐독했다. 벼랑 끝에 선 마음으로 '생존'하기 위해서 뜨겁게 작업에 몰두했다. 그림을 통해 세상으로 다시 나오겠다는 결심을 했던 때문인지 시간은 또 언제 그렇게 흘렀는지 금세 밖이 어둑어둑해지기 일쑤였다. 그 시간들은 차곡차곡 쌓여서 내게 큰 밑천이 되었다. 그림을 그리면서 갖가지 색깔을 발견할 수 있었기 때문이다. 그림을 그리고부터는 보이는 모든 사물과 나무와 꽃, 자연, 생명들, 아내와 갓 태어난 아들의 얼굴을 비롯하여 누나와 여동생의 낯빛까지도 여러 가지 색을 가지고 있음을 발견할 수 있었다. 그들의 낯빛은 한 가지 색이 아닐 뿐더러 감정이나 생각에 따라서 시시각각 변하는 등 정말 다채롭고 신비로웠다.

나는 그들의 얼굴빛을 살피고 기억했다. 살구빛의 아내 낯은 겹벚꽃 연분홍 빛도 담고 있었다. 아들 녀석의 얼굴은 삶아 놓은 뽀얀 계란빛이었다. 그 또한 발그레한 빛이 섞여서 한층 더 건강하고 귀여웠다. 누나와 여동생의 얼굴도 한 가지 색이 아니었다. 색의 발견 이후 나는 발견한 모든 색을 만들어 보았다. 물론 내 지시대로 아내가 옆에서 물감을 짜 주어야 했지만 그녀, 황 공주는 한 번도 얼굴 붉히지 않고 내 요구와 지시를 들어주었고, 참아 주었다. 그렇게 색을 만들면서 아내의 의견을 보태고 또 각각의 물감의 양을 조절해 가면서 점차 나만의 색을 발견할 수 있었다.

몇 개의 색을 섞기도 하고, 또 몇 개의 색을 빼기도 하면서 내가 가족의 얼굴에서 본 빛깔을 만나기도 했고 그 과정에서 뜻밖의 빛깔을 찾아낼 수도 있었다. 내가 알지 못했던 신비로운 색들의 향연은 그야말로 천국을 보는 양 기쁘고 환상적이었다.

이뿐만이 아니다. 그림 공부를 시작하고서 본 하늘은 파란색만이 아니었다. 파란색이 담고 있는 수백 가지의 색은 도대체 만들어지지 않았다. '자연의 오묘한 빛을 어떻게 만들어 낼 수 있을까? 나는 그것을 어떻게 표현할 수 있을까?' 질문은 계속 이어졌고 나는 답을 찾기 어려운 과제이지만 건강한 부담감을 안고서 매일 그 답을 찾는 데 몰두하고 있었다. 그러면서 색채의 향연으로 완성된 그림에 이야기를 담아내고 싶어졌다. 그것은 행복하고 아름다운 추억을 이야기하는 것이었고 신앙에 대한 것이었다. 나는 비로소 얻은 행복에 대한 구체적이고 솔직한 이야기를 담아 그림을 완성하고 싶었다.

"모든 걸 포기하니 행복이 찾아왔어요." 언젠가 아내가 한 말이다. 그랬다. 장애를 갖게 된 육체를 한탄하며 할 수 없는 일을 손꼽으면서 괴로워하는 일을 접었더니 마음이 가벼워지고 현재가 행복해졌다. 지금 가족들과 함께 있으니 기쁘고 즐거웠고 누이들과 가족들이 나를 응원해 주니 더없이 고맙고 힘이 났다. 감사한 일이 참 많아졌고 소소한 일에도 웃음이 많아졌다. 현실을 인정하고 받아들이니 다른 것이 보였다. 포기해야 하는 것이 있다면 빨리 포기해야 했다. 그리고 할 수 있는 일을 찾아 열심히 해야 했다. 그래야 행복을 만날 수 있었다.

벼랑 끝에 섰다고 상상해 봐, 길이 보일 거야

...

세브란스 재활병원에서 퇴원 직후 곧장 시작한 그림. 난 정말 열심히도, 또 뜨겁게도 그림을 그렸다. '이것 아니면 안 된다.'는 절박함은 그림을 그릴수록 더 해서 나를 휘몰아쳤다. 나는 엉덩이에 욕창이 생길 만큼 매일 이젤 앞에 꼬박 앉아 그림과 씨름했다. 그렇게 시간이 쌓이면서 그림은 내게 생명이라는 생각이 짙어졌다. 그림은 다시 살 수 있는 유일한 방법이었고 다시 사는 힘이었다. 작업에 집중할수록 내 생각과 마음이 그림 속으로 흘러 들어가는 것 같았고 시간이 지나는 것을 잊을 만큼 몰입은 깊어졌다. 내 그림은 보기 좋은 색과 구도로 완성해 내는 수공예품이 아니라 보는 이에게 말을 걸어오는 작품으로 거듭나고 있다는 강렬한 생각도 들었던 것 같다.

처음 그림을 시작할 때 그것은 내가 가장으로서 역할할 수 있는 제법 믿을 만한 방법이었다. 그림을 그리면 구족화가협회에서 일정 정도의 지원금도 있었기에 가장으로서 최소한의 역할을 할 수 있으리라고 생각했다. 그림은 내게 남편으로서, 아버지로서의 책임과 의무를 수행

할 수 있게 해 주는 도구였고 전신마비 장애를 가진 내가 지켜 내고자 하는 가족과 가족의 웃음을 응원해 주는 힘이었다.

그러나 그것만으로는 내가 그림을 잘할 수 있을 것 같지 않았다. 목적이 분명했지만 시간이 지나면서는 부족함과 허기를 느꼈다. 그래서였을까, 나는 구족화가협회 가입하는 문제를 가지고 오랜 시간 고민 끝에 회원 가입을 그만두었다. 불편하지만 손에 손목보호대를 끼우고 작업하는 것이 진정 그림을 좋아했던 나의 모습을 정정당당하게 볼 수 있을 것 같아서였다.

나는 구족화가 가입을 포기하고 그림을 시작하면서부터 기대와 꿈을 함께했던 '그림사랑동호회'에서 일하기로 마음먹었다. 가장으로서의 역할뿐만 아니라 나처럼 중도 장애를 맞게 된 많은 이들에게 나의 경험이 곧 그들에게 희망이 되고 기회가 될 수 있으면 좋겠다는 바람 때문이었다. 더불어 내 그림이 후배들의 재활에 도움이 될 수 있다면 의미 있는 선교가 될 것이라는 마음에서였다.

그림을 시작하면서 수많은 국내외 작품들을 감상하고 전시회를 찾았다. 내 형편상 우선은 미술사조와 미술사 관련한 책을 읽고 주요한 작가의 작품집을 탐독하는 과정이 이어졌다. 매번 갈 수는 없었지만 몇 작가의 회고전이나 특별전, 개인전 등도 열심히 찾아 관람하면서 그림을 좀 더 깊이 이해하고 그리고 싶었다. 입시생이 공부하듯 미술서적을 읽고 작품을 감상하면서 나도 언제쯤 이런 작가가 되어 내 작품을 팔 수 있을지 상상하곤 했다.

많은 작가 중에 내 마음에 '쿵' 하고 깊은 울림을 준 작가가 있었다. 한국현대추상미술의 거장 '김환기' 작가이다. 김환기 작가의 작품 중 생의 끝자락이라 할 수 있는 〈뉴욕시대〉에 그려진 '전면점화(全面點畵)' 기법의 그림들은 보고 있노라면 심연의 끝에 다다르는 고요를 느낄 수 있다. 화면 가득 채워진 무수히 많은 점들은 나의 존재가 그 수많은 점 중 하나라는 것을 깨닫게 했다. 어쩌면 그는 오랜 고독 속에서 고독과 처절한 사투를 벌이며 이 무수한 점을 찍었으리라. 고독과의 분투가 느껴지는 그림들은 그래서 숭고의 기운이 짙다.

그림에 매달리면서, 그림에서 길을 찾고자 시작한 나의 고독한 싸움은 매시간 다른 양상으로 치열해지고 있는 즈음이었다. 김환기의 작품을 보면서 그 또한 나와 같은 고민을 했을 것이란 직감이 들었다. 대작이랄 수 있는 큰 화면을 가득 채운 무수한 점들은 테두리로 둘러싸여 있어서 광채와 울림을 남겼다. 그 점 하나하나마다에는 미처 경계 밖으로 뛰쳐나오지 못한 울분과 고독, 향수와 연민과 환희, 체념 등의 복잡한 감정이 깊이를 알 수 없는 샘을 이루고 있었다. 그 샘을 들여다보노라니 위로와 연민의 감정이 솟았다. 그리고 곧 그 감정은 그윽하게 나를 감싸며 오랫동안 여운을 남겼다.

나는 김환기 작가의 그림을 보면서 큰 위로를 받았고 그림의 매력을 진지하게 느낄 수 있었다. 나는 그때 최선을 다해서 그림에 매진하면서도 가끔은 캄캄한 절벽 끝에 선 듯한 먹먹함과 두려움을 느끼고 있었다. 그림을 좋아하는 것은 분명한데 이것으로 생존할 수 있을까 하는 걱정과 두려움 또한 머리와 가슴속에서 뒤섞여 있었기 때문이다.

김환기 작가는 조선백자와 달항아리, 달과 산, 나무와 새와 매화 등 어찌 보면 가장 한국적인 모티프를 상징으로 하여 작품 여러 곳에 해석의 가능성을 담아 놓고 있으면서 작가가 되기를 기대하는 내 소망을 북돋고 있었다. 작품은 수레바퀴선교회 회원으로 매일 출근해서 그림을 그리는 나의 땀과 노력이 곧 열매를 맺을 거라고 말해 주는 것 같았다. 그리고 지치지 않고 그림에 집중할 수 있는 의식과 의지를 만들어 주었다. 김환기 작가와 그의 작품은 그림을 그려서 생계를 유지하는 것뿐만 아니라 새롭게 시작하는 내 인생, 앞으로의 내 인생을 걸고 할 수 있는 일이 그림인 것에 확신을 갖게 해 주었다.

 '장욱진' 선생님과 '박수근' 선생님 또한 존경하고 좋아하는 작가이다. 나는 일찍이 나름대로 두 분과 관련한 많은 그림과 연구 서적을 섭렵하였다. 두 분의 작품은 군더더기를 뺀 단순한 가족 이야기, 동심에 관한 이야기를 승화시킨 것이었다. 치장과 기교가 빠진 곳에 순수와 진심의 모습을 담았기에 두 분의 작품은 생명을 얻었고 아직도 살아서 보는 이들의 마음을 움직이고 있는 것이다.

 내 그림의 구체적 방향과 목표를 설정하는 데에 많은 도움과 결정적인 계기가 된 세 분의 작가는 환한 이정표가 되어 지금도 나를 이끌고 있다. 나는 세 분의 작가를 통해서 그림을 알아갔고, 또 찾아갈 수 있었다. 그 길에서 먹고살기 위한 몸부림과 작가로 성장할 수 있는 꿈의 균형을 찾으려는 의지를 감지할 수 있었다. 그리고 그것에 집중할 수 있게 되었다. 은밀하고도 고요한 혁명이 내 안에서 치러지고 있는 즈음이었다.

마음이 그림이 되고 그림이 마음을 알고

...

처음 그림을 시작했을 때만 해도 내 그림에 영혼과 마음이 담길 수 있다는 것은 미처 생각하거나 기대하지 못했기 때문에 좋은 작품을 보면서도 무덤덤했다. 그저 밥벌이를 제대로 할 수 있는 가장이 되는 것이 최대의 목표였기 때문에 그랬을 것이다. 그래서 처음에는 그림을 그리는 일이 두렵거나 설레지 않았으며 오직 어깨의 힘으로 스케치를 하고 거기에 맞춰 색을 칠할 수 있기만 하면 좋겠다는 생각뿐이었다. 왜냐하면 그렇게 '적당하게' 그려진 그림은 전신마비 장애 화가가 그렸다는 '적극적' 소개를 담아 시장에서 팔리게 될 것이기 때문이었다. 일정 정도의 수입이 보장되는 길을 찾아서 안정적으로 생활을 유지할 수만 있다면 장애인으로서의 삶은 성공적이라고 믿고 있었던 때다. 더구나 나는 산업재해를 입은 것도 아니어서 회사로부터 보상을 받은 것도 아니고 관련한 보험도 없었기 때문에 생존, 생활과 관련한 문제는 시급했다.

그뿐인가! 내 행복과 삶의 이유는 종달새처럼 노래하며 꿈꾸듯 나를 바라보는 사랑스런 아내가 즐겁게 노래할 수 있도록 보호하고 응원해 주는 것이기에 돈이 필요했다. 아들로서 짐짓 버거울 수 있는 책임감도 건강하게 받아들고 견디며 살고 싶은 탁용준은 이 모든 것을 충분히 감내할 수 있는 강한 남자여야 했기에 그림으로 돈을 벌고 싶은 욕망은 쉬이 버릴 수 없었다.

그러나 시간이 지날수록, 그림을 그리는 시간이 차곡차곡 쌓여 가면서 그림은 다른 의미를 갖기 시작했다. 처음에는 생활을 위한 방편으로서의 의미가 컸던 그림이 점차 다른 의미로 다가오기 시작한 것이다. 그림을 하겠다는 나의 의지와 생각의 무게중심이 생활에서 꿈으로, 예술이란 목마름으로 옮겨 가고 있었던 것이다.

무언가를 창조하는 기쁨은 순간순간 엄습해 오는 숨 막히는 고통을 한순간이나마 잊게 해 주었다. 그 기쁨은 그림에 대한 소질과는 상관없는 것이었다. 나는 그림을 그리면서 내 마음이 캔버스 안에 담기는 것을 인지하기 시작했고 완성된 그림이 내 생각을 보여 주고 있음을 알 수 있었다. 그 놀라움과 희열은 감각이 없는 내 발가락이 찌릿한 자극을 느낀다는 착각만큼 컸다. 또, 가슴을 쓸고 내려가는 뜨끈한 열덩이가 뱃속을 거쳐 온몸으로 퍼져 나가는 듯한 놀라움이었다. 이는 '하고자 하는 열정'이 창조한 것이리라. 그때부터 나는 만나는 사람에게 다짐하듯 계획을 말하기 시작했다.

"나, 10년 후 개인전 열거야. 10년 후다."
"정말? 기대할게."

"응, 오늘 이 약속을 잊지 말고 기억해 줘."

10년 뒤에 개인전을 열겠다는 선언은 사실 그림을 포기하지 않으려는 다짐 같은 것이었다. 선언을 해야 포기하지 않을 것 같았다. 이렇게까지 한 데는 이유가 있어서였다. 아들을 둔 아비로서의 몫을 제대로 하고 싶어서였다. 비록 팔다리는 못 쓰지만 아들에게 '평범한' 아빠들과 다름없이 열심히 사는 모습을 보여 주고 싶었다.

매일 붓을 들다 보니 그림은 나에게 다른 길을 보여 주었고 그것은 곧 나를 위로하고 응원하기 시작했다. 내 마음이 그림에 담기기 시작했고 나는 그것을 정확하게 인지하며 완성해 갈 수 있었다. 또 구성과 각도, 색채를 잊고 한참을 몰입하여 그리다 보면 그림 안에 내 마음이 또렷하게 보이기까지 했다. 그림이 내게 말을 걸어오기 시작한 것이다. 이후로 나는 그림에 더 열중할 수 있었다. 내 생각과 마음을 담을 갖가지 모티프가 필요했기에 보이거나 듣는 모든 것에서 그것을 찾아내려고 언어와 감성을 조사하고 수집했다. 메모하는 습관은 아마 이때쯤부터 생겨난 것 같다.

10년 후 개인전을 열겠다는 선언은 실현되었다. 2000년 첫 개인전을 시작으로 나는 20여 회가 넘는 개인전을 할 수 있었다. 그림에 대한 갈증과 목마름도 점차 해갈의 기쁨을 얻을 수 있었다. 그것은 처음 그림사랑 화실에서 그림을 그리며 캘린더와 카드를 제작하는 일로 수익을 얻었을 때는 느껴 보지 못했던 기쁨이었다. 마침내 작품 창작에 대한 간절함과 진정성이 발동되면서 비로소 작가의 길로 들어설 채비가 시작된 것이었다. 주위 분들의 지도와 꾸준한 연습, 그림사와 작가에 대한 열렬한 탐구와 연구는 그 바람이 실현되기 위해 예비된 길이었던 것 같다. 퇴원 직후 운전면허부터 취득해서 나의 전담 기사가 되어 준 아내의 헌신도 그렇고 말이다.

그림을 시작하고 4년 만에 장애인미술대전인 곰두리 미술대전에서 입선을 했지만 장애의 테두리를 넘어서 작품으로만 소통하고 공감하기 위해서는 경계를 넘어설 필요가 분명했다. 8년이 지난 1999년부터 여러 일반 미술대전에 꾸준히 응모를 한 것은 이에 대한 해소를 기대한 때문이었다.

나는 작가로서의 성취와 명예 등을 바라고 그림을 그린 것은 아니었지만 그래도 내 그림에 대한 전문가의 평가가 궁금했다. 내 그림이 그것을 보는 사람들에게 나의 생각을 제대로 전달하고는 있는 것인지, 그들의 감정과 생각이 작품을 통해서 구현되고 그로써 위로와 감동을 받고는 있는 것인지, 받을 수는 있는 것인지가 너무나 궁금했다.

평론가의 의견에 갈증을 느끼고 있을 때쯤 서울대 '김병종' 선생님과 덕성여대 '이반' 선생님 등이 공모전 수상을 계기로 내 작품에 대한 자세한 의견을 기고하기 시작했다. 고대하던 그림을 통한 소통이 비로소 가능해진 것이다.

저 푸른 초원 위에 한 백 년 살고지고

...

  아내와 나는 부모님들이 서로 알고 계신 터라 어릴 적부터 이미 서로의 존재는 알고 있었으나 만남은 대학 졸업 이후 시작되었다. 당시에 나는 안양에서 헬스클럽을 운영하고 있었다. 지금 젊은 친구들이 '어깨깡패'라고 표현하는, 넓은 어깨를 가지고 있었고 180cm로 당시로서는 큰 키여서 제법 괜찮은 몸매를 가지고 있었다. 어머니는 당신 아들의 큰 키와 넓은 어깨가 건장하고 듬직하다며 1등 신랑감이라고 자부하셨다.

  참으로 민망하지만 어느 어머니에게나 자식은 최고의 미남, 미녀이기에 굳이 손사래를 치지는 않았다. 아내와의 만남은 그때쯤 다시 시작되었다. 아내와 나는 모두 결혼 적령기였고 이미 부모님들도 서로 잘 알고 계셨던 터라 일은 일사천리로 진행되었다. 아내와 나도 어색함은 없었다. 우리는 결혼을 염두하고 만난 첫 만남에서 어릴 적 이야기를 많이 나누었던 것 같다.

꿈 많던 연애 시절

신혼여행에서의 즐거운 한때

낭만화가 탁용준

1년여의 연애를 끝내고 드디어 결혼을 한 우리는 누구보다 행복할 것을 확신했고 나는 모든 신랑이 이야기하듯 아내를 '세상에서 제일 행복한 여자'로 만들어 주겠노라 꿈꾸었다. 나는 아내에게 물질로도 마음으로도 늘 풍요로움을 주고 싶었고 그것이 절대적으로 가능하다고 확신했다. 그림처럼 튼튼하고 예쁜 집을 짓고 아내는 그 집을 아기자기 꾸미고 사는 삶이야말로 얼마나 아름답겠는가. 나는 아내가 행복해하는 모습을 상상하며 기뻤다. 나는 가장으로서 한 여인의 튼튼한 울타리가 되어 세상으로부터 그녀를 지켜 주리라 다짐했다. 미래의 내 아이들에게도 훌륭한 아버지가 되어 그들이 꿈을 이루며 살 수 있도록 든든한 배경이 되어 주겠다 결심했다. 조금의 의심과 두려움도 없는 확신은 교만일 수 있음을 모르던 때였다.

그날, 죽음 같은 고요와 침묵의 시간을 지나서

...

28년 전 여름, 스물아홉 때의 일이니까 내 인생 절반의 시간이 지난 일이 되었다. 아프고 긴 시간이었지만 고통을 받는 것 또한 사람의 생각일 뿐이란 것을 깨달은 시간이기도 했다. 겪고 나서 생각해 보니 그날의 사고도 이미 내 삶의 은밀한 계획과 의미가 있는 일이었고 사고를 통해서 새삼 확인하고 찾은 것도 있었다. 그것은 가족의 사랑이었고 내가 미처 알지 못했던 내 안의 힘과 의지, 선한 생각이었다.

나는 원래도 절대 긍정의 생각과 태도를 가지고 있었던 사람이었지만 사고를 통해서 그것이 더욱 강해질 수 있었고 그로 인해 삶에 감사와 평안을 얻을 수 있었다. 나는 장애를 갖게 된 현실을 빠르게 인정했고, 받아들였다. 진짜 장애는 육체적인 게 아니라 희망을 잃어버리는 것이기에 절망하는 나로 인해 가족이 불행해진다는 것을 깨닫는 데에는 오랜 시간이 걸리지 않았다. 나는 힘차게도 '힘들지 않다.', '행복하다.'를 주문처럼 외우고 생각하면서 새 삶의 결을 만들어 나갔다.

그리고 나는 무엇보다 '찌질한 아빠'는 되고 싶지 않았다. 그날 이후 6개월 남짓한 시간이 흐른 뒤 세상에 나온 아들 '융'에게 크고 넓은 세상을 보여 줄 수 있는 든든한 아버지이고 싶었다. 많은 돈이 있어 넉넉한 환경을 만들어 주기는 어렵겠지만 돈 없이도 큰 세상을 보고 그것을 가슴에 품을 수 있는 지혜와 용기를 가르쳐 주고 싶었다.

두려운 것은 아들이 철이 들었을 때 아빠가 아무것도 안 하고 침대에 누워서 하루 종일 텔레비전이나 보고 있다면 아들에게 아빠는 무의미한 존재가 돼 버린다는 사실이었다. 아찔했다. 나는 아들에게 다른 아빠들과 다름없이 열심히 사는 모습을 보여 주고 싶었다. 집에만 틀어박혀 있는 우울한 모습이 아니라 매일 출근하는 활기찬 아빠이고 싶었다. 화실을 구해서 매일 일정한 시간에 출근하여 꼬박 그림을 그렸고 열심히 학생들을 가르쳤다. 지금까지도 1년에 평균 백여 점의 작품을 만들어 내는 것은 이러한 배경에서이다.

다행이도 아들은 함께 뛰어다닐 수 없는 아버지 때문에 속상해하지 않았고 친구들도 가볍게 집으로 데려오는 등 밝고 씩씩한 유년 시절을 보냈다. 아마도 가족 누구도 장애를 인식하지 않고 가족이 할 수 있는 일을 찾아 즐기는―저녁 밥상을 물리고 차를 마시며 둘러앉아 하루 일과를 이야기하거나 융이의 친한 친구 이야기를 하는 등으로―평범한 일상을 보내고 있었기 때문이리라.

나는 아들이 중학생 때는 친구처럼 가깝고 비밀 얘기를 나눌 수 있을 만큼 친한 사이가 되고 싶어서 부단히도 노력했다. 중고등학생들

만의 언어를 배우고 익히는 것은 물론이고 썰렁한 유머이지만 열심히 인터넷을 뒤적거려서 모은 정보를 저녁 식사 시간에는 폭격하듯 쏟아 냈다.

"융아, 김밥이 경찰에게 잡혀갔다. 왜 잡혀갔게?"
"음…… 속 터져서?"
"땡! 기름이 고소해서."
"아~~ 뭐야 아빠, 썰렁해."
"그럼 하나 더 내지, 맞춰 봐라."
"아이스크림 차가 교통사고가 났어요, 왜 사고가 났을까요?"
"아이스크림이 녹아서 미끄러우니까?"
"아니, 차!가!와!서!(차가워서) 크크."
"아! 진짜, 아빠! …… 크크 내일 애들한테 내야겠다."

지금 아들은 미국에서 의료재활 박사과정 공부 중이다. 미국에서 학교를 다니고 대학원까지 공부하고 있다면 사람들은 돈이 많아서 아들을 유학 보냈다고 생각하겠지만 이 또한 내 형제, 자매들의 협력으로 진행된 일이었다. 먼 곳에서 힘든 일도 적지 않을 텐데 가끔 통화를 할 때마다 아버지를 걱정하는 듬직한 아들은 1,500여 점 남짓한 작품만큼이나 내 삶의 귀한 결실이고 가슴 뭉클한 보람이다. 아들이 단단하게 성장하여 그늘을 넓게 펼쳐 많은 사람들이 쉬어 갈 수 있는 큰 나무와 같은 사람이 되면 좋겠다.

지금까지 사는 내내 많은 고통과 절망이 있었던 것이 사실이다. 그러나 이 모든 과정 속에서도 나는 절망하지 않을 수 있었다. 내게는 하늘이 주신 가족이 있었기 때문이다. 좌절이 계속되는 속에서도 무사히 그 과정을 걸어 나올 수 있었던 것은 모두 가족의 사랑이 힘이 되었기 때문이다. 나의 사고로 인해 크게 충격을 받아 술을 많이 드셨던 아버지와 숨죽여 눈물 흘리셨으나 누구보다 강했던 어머니, 평소 과묵한 성격으로 말씀이 적었지만 만날 때마다 안부를 묻고 손을 꼭 잡아 힘을 나눠 주셨던 장인어른과 기도로 응원해 주신 장모님의 사랑, 모든 힘을 내서 헌신한 누이들과 아들 융의 공부를 맡아 미국 생활을 진심으로 돌봐준 처가 식구들은 이 모든 상황을 이겨 낼 수 있는 강력한 힘이었고 측량할 수 없는 은혜의 바다였다.

나는야 낙방도사!

...

　11전 12기! 12년 만에 2004년 대한민국기독교미술대전 서양화 부문 우수상을 수상했다. 여러 차례 도전과 실패가 이어지면서 아내는 내게 '낙방도사'라는 별명을 지어 주었다. 워낙 비극적인 생각은 하지 않는 사람인지라 아내의 놀림에 그래도 '도사'라며 킬킬댔지만 은근 조바심이 나기는 했다. 권위를 인정받는 대회에서 수상을 한다는 것은 작가로서 창작에 대한 열정을 지켜 가는 힘이 되기 때문에 은근히 기대하고 있었다. 굳이 이름을 알리는 기회를 만들고 싶지는 않았지만 공모전에서 수상하여 작품성을 인정받고 더 많은 사람들과 예술의 가치를 공유하고 싶었다.

　그러나 나의 비밀스런 조바심은 곧 끝났다. 그림을 시작하고 매년 꾸준히 그림을 그리노라니 1999년에는 대한민국현대미술대전에서 입상하고 2003년에는 기독교미술대전에서 〈눈물의 언약〉으로 특선을, 2004년에는 〈하나님은 사랑이시다〉로 우수상을 수상했다. 나보다 더 기뻐하는 가족들의 웃음을 보노라니 10여 년 전 나의 첫걸음이 새삼 떠오르며 감정이 복받쳤다. 헬스클럽을 운영하던 건장한 신체의 젊은 관장이 10년 만에 화가가 되었다면 강산이 변한 것만큼 놀라운 일이 아니던가.

무엇보다 아들 융이가 기뻐하는 모습을 보니 아이가 태어났을 때 스스로에게 다짐했던 것들이 차곡차곡 떠오르면서 내 자신도 칭찬해 주고 싶어졌다. 장애를 만나고 그녀석과 제법 사이좋게 동행하다 보니 그 시간 동안 그림이라는 열매가 익어 갔고 제때에 거둘 수 있게 된 것이다. 말로 표현할 수 없을 만큼의 감사였고 그 기쁨은 쉬이 사라지지 않았다.

그림을 시작하면서 가장으로서의 역할도 포기하지 않았다. 생활비를 감당할 만큼의 돈이 되지는 못했지만 내 그림이 사보 표지와 출판물로 사용될 때 받는 저작권이 생활에 큰 도움이 되었다. 최근에는 내 그림이 『한국은행』 사보의 표지로 선택되어서 1년 동안 생활에 도움이 되었다. 덕분에 아내도 나도 싱글벙글 지낼 수 있었다. 방송 드라마에 내 그림이 소품으로 사용되어 유명세도 탔다. 마냥 기회가 오기를 기다리고만 있는 것보다는 평소에 성실하게 작업을 해서 기회가 왔을 때 그것을 놓치지 않도록 해야 한다는 신념은 큰 도움이 되었다.

지금도 1년에 약 100여 작품을 그리는데 이는 오랜 시간 쌓여 온 습관 때문이다. 사람들이 나를 슈퍼맨이라 놀리는 것도 이런 까닭인데 열심히 그리고 전시하는 일이 나의 정체성을 증명하는 것인 만큼 바꾸고 싶지 않다. 그리고 힘들다 싶을 만큼의 부지런함이 적잖은 실패와 좌

시상식에서

낭만화가 탁용준

절 속에서도 다시 웃음으로 일어설 수 있는 힘이 되는 것을 너무나 잘 알고 있기에 죽기까지 실천하고 싶다.

그림책 <행복>

그림으로 다시 만난 은사님과 벗들

...

나는 '장애가 심해서 큰 그림을 그릴 수 없다.'는 편견에 맞서기 위해 모자이크 방식으로 120호까지 작업을 했었다. 손에 붓을 묶고 어깨 근육 힘을 이용해 팔을 쓰기 시작한 것도 바로 작업 반경을 넓히고 싶어서였다. 나는 장애 때문에 '~하다(했다)'는 말은 하고 싶지 않다. 장애는 '때문에'가 아니라 그저 '형편'일 뿐이기 때문이다. 누구든 저마다의 환경에서 그림을 그리는 것이고 그 속에서 예술적 영감을 얻고 개성을 발휘할 수 있다.

나는 장애라는 나의 현실이 작품에 대단히 많은 영감을 주고 사고의 깊이와 방향을 구체화하고 있다고 생각한다. 장애를 만나게 되었을 때에 '잃을 수 있었던 것을 잃지 않을 수 있었다.'는 믿음 또한 이러한 생각에 기반한다. 장애 덕분에 보이는 것을 좇다 놓쳐 버리고 마는 것들을 다시금 상기할 수 있었다. 자칫 잃어버릴 수 있었던 것들의 소중함을 깨달을 수 있었고, 그 과정에서 나를 돌아보고 타인을 이해하는 태도를 재조정하는 등의 자기 성찰과 배움이 있었다. 장애를 입고서야 깊이 있는 사고와 학습을 경험할 수 있게 된 것이다.

　이름 얻는 것을 좇지 않으니 창작의 과정에서부터 자기 검열이 발동되었고 그림에 진정성을 담기 위한 최선의 노력을 할 수 있었다. '그럴싸한' 그림으로 적당한 '상품'을 만들려는 것보다는 내 생각과 마음이 고스란히 전달되어 그림이 세상에 나온 후에는 반드시! 정확하게! 제 주인을 만나는 놀라운 일이 지속되기를 기대하게 되었다. 그랬다. 나는 내 그림이 누군가에게는 꼭 필요한 것이 되고 기쁨이 되기를 바랐다. 그래야만 나의 존재 이유가 증명되는 것임을 잘 알고 있었다.

　고등학교 시절 사람이 왜 사는가, 어떻게 살아야 하는가에 대한 고민과 반성을 경험하게 해 주신 K선생님, L선생님과 당시에 파격적으로 토론식 수업을 진행하셨던 E선생님은 살면서 타인의 고통과 형편을 살피지 않는 무지한 인간이 되지 말기를 당부하셨다. 물질의 욕망에 노예가 되어 '부끄러움'을 알지 못하게 되는 상황을 두려워하고 경계하라 이르셨다. 내가 가진 재능이, 나의 노력이 무얼 위해 쓰여야 하는지를 강조하셨던 두 분 선생님의 가르침은 지금 내가 왜 그림을 그리는가에 대해서 자신에게 되묻게 하고 그 답을 구하는 데에 분명한 답을 가르쳐 주고 있다.

　그림은, 예술은, 누구도 경계 밖으로 밀어내지 않으며 사람이 살아가는 가치와 진정한 아름다움을 발견할 수 있도록 돕는다. 이 귀한 예술의 의의를 작품을 통해 구현하고 실천하는 것이야말로 작가의 책무이다. 오늘 더욱 두 분 선생님이 그리운 것은 이러한 신념을 지켜 가는 그들의 의지가 새삼 존경스럽기 때문이다.

1996년 '광명미술제'를 통해서 다시 만나게 된 고등학교 동문 화가도 있었다. 지역미술제 도록에서 만난 친구 L은 학창 시절 함께 그림을 좋아했던 친구였다. 나는 일반대학 진학과 그 이후에도 '생활'에 집중했기 때문에 어쩌면 쉽게 미술을 포기했지만 그 친구는 꾸준하게 창작의 길을 걷고 있었다. 너무나 반가운 마음에 도록에 나온 연락처로 전화를 했다. 친구는 내 이름을 듣고 금세 기억하더니 크게 반가워했다. 나는 사고로 몸이 많이 불편하다는 말과 함께 내 화실로 방문해 주기를 청했고 친구는 흔쾌히 승낙했다.

다음 날 친구는 약속대로 화실로 와 주었다. 늘 반쯤 열려 있는 화실 문을 가볍게 노크하며 나를 찾는 친구의 목소리는 예전 그대로였다. 나는 반갑게 인사하면서 어서 들어오라 재촉했다. 설레고 흥분된 마음을 진정하기 쉽지 않았다. 문이 활짝 열리더니 그립던 친구의 얼굴이 보였다. 달려가 덥석 손을 잡으려 휠체어를 움직였다. 그런데 문을 열고 들어서려던 친구는 나를 보고 그 자리에 멈춰 섰다. 나도 그런 친구를 보면서 휠체어를 멈췄다. 몇 초가 흘렀을까, 짐짓 길게 느껴진 순간이 지나고서야 친구는 입을 열었다.

"너…… 많이 다쳤구나……."

친구의 얼굴에는 크게 놀라고 당황한 모습이 역력했다. 자칫 오랜 만남이 눈물바다가 될 것 같아 나는 호탕하게 웃으면서 덥석 친구의 손을 잡았다. 따뜻했다. 그리고 벌써 오래전 일이고 지금은 아주 잘 적응하여 살고 있노라고 편안하게 말했다. 한참 동안 내 얼굴을 바라보던 친구는 내 손을 맞잡고는 진하게 웃었다. 역시 옛 동무는 그래서 좋은 것인지 켜켜이 쌓아 둔 이야기를 굳이 풀어놓지 않아도 좋았다. 친구는 내 그림을 둘러보면서 성실하게 작업했다는 격려와 함께 열정에 놀랐다는 말을 잊지 않았다. 우리는 그 후 한국미술협회서 함께 활동하며 작품과 창작에 대한 감상과 고민을 나누고 서로의 전시회를 격려하는 동료가 되었다.

친구 L화백과 만나면서는 그림을 좋아했던 우리의 학창 시절이 소환되었고 이후 동창회와 동문회에도 참석하면서 나는 그림 밖 세상을 갖게 되었다. 그럼에도 그것은 그림을 바탕 한 것이었고 잊고 지냈던 어린 시절의 꿈을 되짚어 미래를 계획하는 일로 귀결되었다. 가까운 친구들은 내가 몸이 불편해진 이후에 '너는 화가가 될 줄 알았다.'며 격려했고 매번 동창회 연락도 빼놓지 않고 또 내 전시회도 찾아 주면서 가깝게 지내고 있다.

고교 동기들 모임 중에는 친한 친구들의 모임인 'C모임'이 있는데 친구가 함께하자고 제의를 해서 시작한 모임이 어언 20년이 되었다. C모임 친구들은 매번 내가 편히 있을 수 있는 곳으로 만남의 장소를 정하는 배려를 해 주고 있다. 친구의 상황을 이해하고 인정해 주는 그들의 품은 넓기도 하지만 곱고 따뜻하다. 뿐만 아니라 전시회 때마다 찾아 주고 후원하고 있어서 고교 얄개들의 의리에 매번 감동한다. 친구들을 생각할 때마다 '나는 참 복이 많은 사람이다.'라는 생각으로 마음이 벅차다. 그림을 하지 않았더라면 그 귀한 친구들을 어떻게 다시 만날 수 있었겠는가. 사람이 꽃보다 아름답다는 노랫말도 있는데 사람이 있어 배우고 감동하고 깨닫게 되니 사람은 아름다울 뿐만 아니라 그 귀함이 크고 깊다. 친구들에게 받은 귀하고 빛나는 사랑을 영원히 잊지 않고 간직하리라.

내가 그림을 그리는 이유, 절망을 절망시킬 테다

...

 몇 년 전인가 잘 기억나지 않지만 뉴스를 보다가 문득 청년 시절 친구들과 함께 남해안 일주를 했던 기억이 떠올랐다. 텔레비전에서 광주 민주항쟁을 기념하면서 1980년 민주화운동에 앞장 선 광주 시민들과 또 그들의 상처가 남아 있는 광주 망월동 묘역을 보여 주는 장면에서였던 것 같다. 나는 텔레비전을 보면서 청년 시절 친구들과 함께 여행하던 중 망월동 묘역에 다녀왔던 기억이 떠올랐고 '아직도 내가 그 시절을 잊지 않고 살아 있구나.' 감회에 젖었다.
 나는 미술만큼 운동을 좋아한 학생이었다. 친구들도 많아서 친한 친구 몇이서 어울려 여행도 많이 다녔던 것 같다. 우리는 일 년의 한때, 며칠간 함께 여행하면서 '세상'에 대해서 이야기했고 때로는 우리의 청춘과 사랑에 대해서, 그 아픔과 고통에 대해서도 속내를 털어놓았던 것 같다.
 그때가 1988년, 나는 친구들과 함께 두 번째 여행을 하고 있었다. 우리는 그때쯤 재미있게 보았던 영화 〈디어헌터〉를 따라서 친구들끼리의 신정 연휴기간 여행을 계획했다. 승합차를 이용한 전국여행이었는데 이전 해 연말에 3박 4일간의 짧은 여행이 참 좋았기에 똑같은 코스로 계획을 세웠다. 계획에 넣고서는 가 보지 못했던 망월동 묘역을 꼭 들르기로 한 것이 이전 해와는 달라진 여행 경로였다.

　31일 저녁에 출발하여 영동고속도로를 넘었다. 강릉 경포대에서 새해 일출을 맞이하고 수산시장에서 유명한 알탕을 한 그릇씩 먹고는 남쪽으로 차를 몰았다. 같이 행동한 다섯 명의 친구들 중에는 한 명만 결혼을 하고 나머지는 총각이었기 때문에 모두들 넘쳐나는 '자유'를 만끽하고 있었다. 우리는 노래도 부르고 아가씨들끼리 여행 온 팀과 급만남이라도 성사되었으면 좋겠다는 농담도 하며 들떠 있었다. 도로에는 차량이 많지 않았고 오히려 신정 연휴에는 이동이 적어서 막힘없이 달릴 수 있었다. 자동차 속도처럼 우리의 기분도, 미래도 '슝슝' 날아갈 것만 같은 착각이 뒤범벅된 길이었다.

　왼쪽으로 바다가 이어지는 고속도로를 따라서 울진 성류굴에 들렀고, 영덕을 지나 강구항에 들러서는 비싼 영덕 게를 실컷 '구경만' 하고 길가 좌판에 앉아서 값싼 홍게를 맛있게 뜯었다. 부산에 도착해서는 부산 시내를 통과하여 태종대, 광안리, 자갈치시장 등을 돌아다니며 흥겨웠다. 호기롭게 큰 목소리로 흥정도 하고 바다를 보며 빠질 듯 달려들던 기억도 생생하다. 이튿째 되는 날은 남해와 진주 등 남녘의 따뜻한 바람을 흠뻑 맞았고, 마지막 날은 승주 송광사를 들른 후 광주에서 마지막 밤을 보냈다.

　아침 일찍 일어난 우리는 망월동을 찾아가기 위하여 새벽 여명에 출발을 서둘렀다. 우리가 묵었던 여관 주인에게 위치를 잘 설명 듣고 출발했는데 도착하니 생각보다도 묘역이 광주 외곽에 있는데다가 을씨년스러운 풍경이어서 깜짝 놀랐다. 논 한가운데로 황톳길이 펼쳐진 변두리 중에 변두리였고 군데군데 살얼음이 언 논바닥이 이어졌다. 아무 인기척이 없던 묘역으로 가는 길에서 아가씨 한 명이 손을 흔들며 태워 달라고 했다. 우리들은 '웬 이른 아침에 공동묘지에 여자냐.'며 장난기가 발동해서 차를 세웠다. 수다분하게 생긴 이십대 초반의 아가씨는 조금 추운 듯이 귀를 손으로 감싸며 우리에게 '어디로 가느냐.'고 물었다. 우리는 들떠서 망월동 묘지로 간다고 대답했는데 그 아가씨는 자기도 그쪽 방향인데 좀 태워 줄 수 없느냐고 물어왔다.

그렇게 합승을 하여 가는 내내 처음의 호기는 어디로 갔는지 우리 중 누구 한 명도 아가씨에게 말조차 걸지 못했다. 분위기가 어색했는지 먼저 말을 해 온 쪽은 아가씨였다.

"묘역에 혹시 아시는 분이라도 계세요?"
"아… 아뇨. 그냥……."
"네, 저는 여기 묘역 입구에 있는 비닐하우스 화원에서 일하고 있어요."
"아, 네……."

서로 눈치만 보던 무리 중 결국 입을 뗀 건 나였다. 나는 신정 연휴에 여행을 왔다가 망월동에 들러야 한다는 생각에 이곳을 찾게 되었노라고 말했고 그때쯤 묘역 입구에 도착하였다. 아가씨가 일한다는 화원은 어쩐지 망월동 묘지와 어울리지 않는 것 같았다. 물론 국화꽃 등을 준비하는 사람들이 방문하는 것이겠지만 화원이라면 화사하게 웃는 아가씨 웃음처럼 장미와 백합 등으로 화려한 분위기가 퍼뜩 떠오르니 말이다.

우리는 차에서 내려 주위를 한 바퀴 둘러보았지만 너무나 황량한 분위기에 조금은 서글펐다. 게다가 우리를 더욱 황당하게 만든 것은 망월동 묘역에 대한 설명 입간판이 뽑힌 채로 거꾸로 처박혀 있는 것이었다. 시대가 그랬지만 너무하다는 생각이 들었다. 그때 화원 문을 열고 조금 전 그 아가씨가 하얀색 초장전지에 싸인 국화 한 다발을 안고 우리를 불렀다. 친구 중에서 누군가가

"우리는 꽃이 필요 없는데……."
라고 말꼬리를 흐렸는데 그 아가씨는 조금 당황한 듯
"이것은 팔려고 하는 것이 아니고 그냥 가지고 가셨으면 하는 거예요."
하며 수줍은 듯이 고개를 숙이며 꽃을 건넸다.
"올라가서서 가장 가슴에 남는 분 묘지에 드리세요."

우리는 필요 없다고 말한 것이 겸연쩍고 미안했다. 아가씨의 목소리는 수줍지만 진지했다. 우리 일행은 진심으로 감사해하면서 꽃을 받아 들었다. 쭉 줄지어 선 묘비 앞에는 사람들이 다녀간 흔적들이 여기저기

보였다. 표정 없는 흑백 영정 사진이 묘를 지키고 있었는데 겨울이어서 인지 추워 보였다. 죽임을 당한 당시의 광주를 이야기하는 것 같았다.

우리는 전남대학교 총학생회장이었던 '박관현' 군의 묘와 6월 항쟁에 기폭제였던 '이한열' 군의 묘를 찾아 헌화하고 묵념했다. 나와 친구들은 광주민주항쟁 당시에 스무 살, 대학 1~2학년 시절이었지만 이들이 죽어 가고 이곳에 묻힐 때까지 이들과 함께 있지 못했다. 그 생각을 하면 부끄러운 마음에 한낮에도 별을 보기 어려웠다. 친구들과 나는 운동권과는 전혀 관계가 없었고 그저 시국이 불안한 것만 걱정했던 그런 부류였다. 한 시대를 같이 살았건만 함께이지 못했던 미안함과 이기적인 무지함에 참 오랫동안 괴로웠다.

우리는 아무도 찾아오지 않은 것 같은 묘지에 꽃을 내려놓고 말없이 언덕에 잠시 앉아 있다가 서울로 출발했다. 같은 시대를 살았던 청춘들에게 미안한 마음을 누구도 입 밖으로 내지 않았지만 모두들 나와 같은 마음이었던 것 같다. 그저 미안하고 또 미안한, 아프고 슬픈 하루였다.

돌아오는 길 위에서 우리는 진실을 위해, 또 고통받고 있는 타인을 위해서 얼마나 희생을 감수했는지, 또 할 수 있는지를 반성했다. 또 아가씨처럼 아픔을 기억하고 절망에 굴복하지 않는 모습을 기억하고 있는지 스스로에게 물었다. 그녀가 보여 준 광주시민에 대한 깊은 애도와 슬픔은 우리로 하여금 주저하지 않아야 할 청년의 의식과 의지를 가르치고 있었다.

그때의 일은 친구들과의 모임 중 한 친구의 이야기를 통해서 다시금

과거로부터 퍼 올려졌다. 친구들은 얼굴은 기억할 수 없지만 우리에게 꽃을 건네주던 아가씨를 기억하고 있었다. 그들은 그녀가 꽃을 건네며 광주의 슬픔을 기억하고 공유하려 했던 것이 놀라웠다고 말했다. 그러면서 너무나 슬프고 억울해서 잊어버리는 것이 아니라 이를 기억하고 그 기억을 진심으로 위로하려는 노력이야말로 얼마나 정직하고 아름다운 것인지 이야기했다. 나는 그 자리에서 또다시 타인을 향한 숭고한 사랑과 위로, 깊은 애도에 대해서 생각했고 정의와 자유를 향한 '아름다운 힘'을 표현해 보고 싶은 충동이 일었다.

  오월 중순, 빛고을의 아픈 이야기가 방영되는 화면에는 깨끗이 포장이 되고 단장된 묘역이 보였다. 세월이 흘러 광주의 아픔도 많이 회복되었지만 내 마음속의 망월동은 정감 있는 황톳길에 스산했던 고통과 슬픔이 느껴지는 풍경이다. 그리고 그 풍경을 생각할 때마다 처음 본 외지인에게 꽃을 전하며 함께 향토의 아픔을 애도하려던 한 아가씨의 거룩하기까지 한 순결한 의지가 시간이 지날수록 또렷해진다. 모두 나름의 방식으로 아픈 역사를 그렇게 전유하고 기억하는 것이리라.
  내 그림도 이러한 작업이 되어야 할 것을 다짐한다. 나는 허투루 진실을 말하거나 간교하게 그것을 가리려는 일체의 행위를 경계할 것이다. 나는 타인의 아픔에 공감하고 함께 절망했던 이들이 다시 함께 희망과 행복, 사랑을 말할 수 있기를 기대하면서 성실하게 작업을 이어갈 것이다.

1988년의 청춘은 푸르렀으나 아팠고 빛났으나 슬픔을 담고 있었다

70 누구 시리즈 ❻

몇 십 년이 지나 다시 만난 친구들이 내게 보여 준 우정과 속 깊은 배려는 세상이 얼마나 아름다운지, 사람이 얼마나 아름다운지 새삼 깨닫게 해 주었다. 또한 타인의 어려움을 외면하지 말라 가르침을 주셨던 은사님들의 말씀은 내 작업의 지향점을 보여 주었다. 참 귀한 사람들로 인해 배우고 얻은 따뜻한 마음의 놀라운 기적이 내 그림 속에서도 계속 되기를 소원한다.

무던히 강을 내어 모두 함께 바다에 이릅시다

...

연세대학교 세브란스 재활병원 복도에는 내 그림이 몇 점 전시되어 있다. 〈희망〉이라는 제목의 그림들은 재활 치료를 하고 있는 후배 장애인들이 절대 희망을 버리지 않기를 바라는 마음을 담고 있다. 나는 강연에서나 후배들을 만나게 되면 그때마다 빼놓지 않고 하는 말이 있다. '절망할 힘이 있다면 그것으로 살아야 한다.'는 말이다.

세브란스 재활병원 원목실 '김복남' 전도사님은 자살하려던 환자가 내 그림을 보고 다시 삶의 의욕을 찾았노라며 깊은 감사와 기쁨을 전해 주신다. 나는 이렇게 놀라운 이야기를 듣게 될 때마다 내게 있는 재능을 어떻게 써야 할 것인지를 거듭 생각하곤 한다. 모든 능력을 상실했던 내가 그린 그림이 누군가에게 다시 살아낼 힘이 되었다니 이 얼마나 놀랍고 감사한 일인가.

수필가이기도 한 전도사님은 자신의 수필집 『사랑은 늘 아름답다』에 우리의 인연과 내 그림에 대한 이야기를 담아 놓으셨는데 그 밖에도 책에는 자신의 형편을 그대로 인정하고 타인을 위해 무한한 사랑을 보여 준 많은 이들의 이야기가 담겨 있다. 나의 이야기이지만 책을 통해서 읽노라니 보잘것없이 작은 내가 다른 이들에게 희망이 되었다는 사실이 너무나 감동적이었다. 내 행위에 대한 감동이 아니라 사람 사이를 흐르는 사랑과 희망이란 보이지 않는 마음에 대한 감동과 은혜였다. 나는 책을 읽으면서 붓을 든 손을 다시금 오래 바라보았다. 그리고 그림을 그리는 일이 내 사명임을 거듭 확인하였다.

한국척수장애인 수레바퀴선교회에서는 나에게 자주 장애인 상담을 청탁한다. 장애로 인해 삶의 의지를 잃어버린 이들을 북돋기 위한 것인데 나는 상담을 할 때마다 만나는 장애인들에게 차갑고 아프게 들릴 말들을 웃으면서 쏟아 낸다. '죽을 힘을 다해 살아야 한다.'고 어쩌면 상처를 모르는 사람들이나 할 만한 독한 말을 서슴없이 한다. 그러나 대화가 이어지면서 우리는 말의 진심을 알게 되고 곧장 진심을 공유한다. 그래서 가족을 생각해서 일어나야 하고 자신의 장애 때문에 더 불행해질 수 있는 가족을 생각해 보라고. 권고는 매번 아프지만 확실하게 변화되는 기적을 만들어 준다.

또 절박할 때에 비로소 새로운 의지가 생기고 강해지기 때문에 멋지게 살아가는 장애인 친구 얘기도 해 준다. 그 친구는 아파트 앞에서 혼자 양말 행상을 해서 그 아파트를 샀다. 그 친구도 경추를 다친 환자인데 그가 자신의 삶을 꾸릴 수 있었던 강력한 의지와 힘은 극한 상황과 현실 덕분이었다. 누구의 도움 없이는 꼼짝할 수 없는 전신마비 장애인이지만 그는 스스로의 힘으로 보금자리를 마련하고 생활을 책임졌다.

　나도 그림을 그리지 않았다면 친구처럼 행상을 했을지도 모르겠다. 장애를 만난 이후 살아가기 위한 모든 방법을 찾았을 것이고 할 수 있는 최선의 노력을 다 했을 것이다. 그래야만 내가 '살아 있다.'는 것을 알 수 있었을 것이고 장애를 가진 몸으로도 살아야 할 이유가 분명히 있음을 깨달을 수 있었을 것이다. 장애인 모두는 의지만 있다면 각자의 재능과 능력을 발휘하여 어떤 모습으로든 살아 낼 수 있다. 그것이 비장애인의 모습을 닮지 않으면 어떤가! 주어진 모습대로 받아든 환경 속에서 삶의 의미를 만들어 내는 것이야말로 자아실현인 것이다. 장애를 가졌으나 나로 인해 주변 사람들이 행복하고 기쁘다면 그들로 인해 나 또한 행복하고 기쁘다. 감사와 행복은 한 방향으로 흐르는 속에 존재하지 않는다. 아직 만나지 못한 많은 장애인들이 이것을 꼭 알았으면 좋겠다. 그리하여 자신의 처지를 비관하지 않기를 바란다. 그리고 어느 곳에서 언제든 어떻게든 만나서 희망에 대한 소망과 기대를 나누기 소원한다.

　나는 어려운 환경 속에서도 그림 그리는 일을 포기하지 않는 친구들을 알고 있다. 퍼뜩 떠오르는 후배는 H, 그는 시골에서 홀어미와 어렵게 생활하면서도 그림을 놓지 않았다. 한 번은 그가 부탁한 물감 값을 내가 먼저 치르고 우편으로 부쳐 준 적이 있었다. 그는 정말 미안해하면서 작품 대금이 입금되면 갚겠노라며 지금 수중에 있는 돈으로는 집을 따뜻하게 할 연료를 사겠노라 했다. 흔쾌히 그러라고 했다. 그는 악전고투(惡戰苦鬪)하고 있는 것이겠지만 내 눈에는 순수한 정열이 더 크게 보여서 그저 아름답기만 했다.

나는 그를 생각할 때마다 우리가 서로 북돋우며 함께 그림 그리는 일을 계속해야 한다는 다짐을 확인하게 된다. 그림이야말로 우리의 존재의 증명일 뿐더러 우리가 다른 이들에게 줄 수 있는 행복과 희망이기 때문이다.

우리에게 널리 알려진 김정희(金正喜)의 세한도(歲寒圖)에는 세한연후지송백지후조(歲寒然後知松栢之後凋)란 발문이 있다. 내용은 추운 겨울이 되어야 잣나무와 소나무의 푸르름을 알 수 있는 것처럼 어려워진 뒤에야 참된 선비의 진면목이 드러난다는 뜻이다. 많이 힘들고 지칠 때는 세상이 원망스럽기도 하고 살기 힘들다고 생각하지만 그래도 세상은 아직 아름답다.

내게는 오랫동안 그림 작업을 함께하였던 '휠체어그림쟁이' 후배 L이 있다. 군 제대 후 다니던 직장에서 어이없는 사고로 휠체어 장애인이 된 그는 그림을 좋아하고 그리고 싶었지만 생계를 위해서 취업을 했다.

후배는 동분서주하더니만 결국은 공장에서 전자부품을 조립하는 열악한 생산직으로 일하게 되었다. 후배는 생산 라인에 맞춰 부품을 조립하고 또 윗분들 눈치 보느라 잘 쉬지 못하는 작업환경 때문에 척수장애인들에게는 걱정꺼리인 엉덩이와 발목 욕창을 제대로 치료하지 못했다. 잠깐의 치료 후에는 다시 생산 현장에서 생계를 위해 계속 일할 수밖에 없었다.

후배는 회사가 있는 지방에서 서울로 올라오는 일이 생기면 어김없이 밝은 얼굴로 그림사랑 화실을 방문하여 옛정을 나누었고 일에 묻혀 사는 상황에서도 틈틈이 그린 그림으로 '그림사랑정기전'을 함께하였다. 그러나 올봄쯤 화실을 방문하였을 때는 몸이 많이 불편해 보였다. 조심스럽게 건강을 물었더니 늘 달고 다니던 욕창이 심해져서 걱정이라고 했다. 건강이 중요하다고, 치료 잘하라는 말을 했지만 이후로는 잠깐 잊었었는데 여름이 끝날 무렵에 나쁜 소식을 듣게 되었다. 욕창이 심해서 병원에 입원했는데 메스로 환부를 열어 보니 욕창 부위가 너무나 많이 크고 깊어져서 뼈까지 상한 상태였더란다.

후배는 골반 뼈까지 상한 부분은 다리를 절단하지 않으면 생명이 위험하다는 진단을 받고 많이 힘들어했고 자신의 가난한 환경을 원망하고 있었다. 나는 그 모습을 보면서 크게 가슴 아팠다. '이 그림쟁이 후배를 어떻게 도와줄까.' 고민하던 중에 함께 화실에 모여 그림을 그렸던 그림사랑 회원들과 상의하여 L을 돕기 위한 기금마련 전시회를 기획하였다. 해마다 진행되는 휠체어장애인 문화제의 열두 번째 전시인 '또 하나의 밝은 세상 전' 한 부분에서 후원금을 마련해 보자는 것이었다.

구체적으로 계획을 세우니까 다음은 일사천리로 진행되었다. 그림사랑 식구 5명과 늘 함께하시는 '정두옥' 선생님도 그림으로 찬조해 주셨고 양천미술협회 회장이신 '고성종' 선생님과 동료 두 분이 도자기 작품을 찬조해 주셨다. 그 밖에도 많은 분들이 내 일처럼 나서서 진행을 도와주셨고 많은 분들이 작품을 구입해 주셨다. 다사랑 회와 사랑의 교회 구제부, 휠체어 형제들도 후원금을 보태 주었다. 비록 모아진 금액은 치료비에 아득히 모자라는 액수였지만 많은 분들이 사랑을 나눠 주신 모습에서 세상은 아직도 아름다움을, 사랑이 어려움을 덮고 이긴다는 것을 크게 깨닫게 되었다.

나는 이후에도 몇 번의 자선전을 기획하였다. 2003년에는 나와 함께 수레바퀴선교회에서 찬양으로 활동하던 친구들이 '오직 믿음'이라는 뜻을 가진 라틴어 '쏠라피데' 찬양단을 발족하였다. 구성원들이 활동비와 악기 마련을 위한 '일일 음악회'를 겸한 카페를 연다고 하였을 때 나는 그림을 기증하기로 했다. 이미 찬양단 조직 직후부터 가졌던 응원의 마음을 실천할 수 있어서 기뻤다. 찬양단 친구들과 의견을 나누고 모든 분들이 편히 구입할 수 있는 소품 20점을 기증했다. 많은 분들이 함께하기를 소망하는 중에 행사는 무사히 진행되었고 다행히 작품이 모두 팔려서 미력하나마 도움을 줄 수 있게 되어서 기쁘고 감사했다.

나는 장애를 만나고 그림으로 새 삶을 시작하면서 아버지로서의 역할을 열심히 하고 좋은 화가가 되자는 결심 외에 한 가지 키워 온 소망이 있었다. 그것은 나의 재능이 그 크기대로 아름답게 사용되는 것이었다. 그래서 힘을 보태 줄 수 있는 기회가 있다면 기쁜 마음으로 동참하고 동참을 호소할 수도 있었다. 나의 재능은 그림이었기에 모든 작품과 작업 과정에 애정이 담긴 작품이지만 기쁜 마음으로 기증할 수 있었다. 이는 내가 받은 사랑을 이웃과 형제에게 나눠 주는, 기쁨과 감사를 키우는 일이 되었다. 나는 자주 건강과 컨디션을 물어보고 또 가끔씩 시간을 쪼개어 찾아오는 친구들을 볼 때마다 고맙고 행복하다. 그들은 세상적인 계산으로 한다면 더 이상 이득이 없는 일인데도 자주 내 화실로 걸음했다. 나는 이들의 응원과 힘이 있었기에 짐짓 고통스러운 작업도 이겨 낼 수 있었고 그들의 순수한 마음을 기억하는 덕분에 작품에 대한 영감을 얻을 수도 있었다. 내가 받은 사랑과 응원이 다른 이들에게 흘러 그들 또한 나처럼 힘과 용기를 얻을 수 있기를 기도하고 소망한다.

 작업을 하면서 생각지도 않았던 여러분들에게 천사의 마음과도 같은 사랑을 받은 이야기들이 생각난다. 액자를 제작하는 회사 사장님은 자선 전시회를 위해서 소액의 재료비만 받고 그림액자를 만들어 주었다. 그가 마땅히 받아야 할 사나흘 품값을 좋은 일에 써 달라고 했다. 참 아름답고 고마운 일이다. 그 또한 큰돈을 버는 것도 아닌데 마음을 보태 주니 그 진심을 알 수 있어서 힘이 났다. 이렇게 아름다운 사람들이 있기 때문에 우리는 지금도 행복과 사랑을 말할 수 있는 것이겠지.

 2009년 12월에는 희망방송 사역 활동을 위한 자선 전시회가 있었다. 양천문화회관에서 진행된 '희망나눔 그림 전시회—사랑은 나눌수록 커집니다'는 불우이웃을 돕기 위한 자선 목적이었다. 나는 작품 38점을 기증했는데 제법 많은 사람이 전시회장을 찾아 마음을 나눠 준 따뜻한 전시였다. 브로슈어도 예쁘게 만들어지고 창문을 열듯 만들어진 팜플릿에는 4면에 걸쳐 내 작품들이 옹기종기 모여 있었다.

 작품을 보노라니 새삼 그림 속에 등장하는 아이들과 물고기, 어머니와 연주에 한창인 여인의 모습이 평화롭고 따뜻했다. 나는 전시장에 작품이 걸리는 모습을 보면서 감상하는 모든 사람들과 작품을 구입하는 이들에게도 이러한 마음의 평화가 지속되기를 간절히 기도했다.

내가 그림을 그리는 이유는 무엇일까? 가장으로서의 책임을 다하리라는 나의 결심을 조금의 오차 없이 실천하기 위한 것일까? 물론 그렇다. 나는 가장이니까. 그러나 오직 그것만을 위해서 붓을 잡고 경련 속에서 꼬박 작업을 이어 갔던 것은 아니었다. 나는 '그림쟁이'다. 나는 그림공부를 하면서 드로잉을 하고 채색을 하는 창작 과정의 구석구석에서 느꼈던 전율을 기억한다. 나는 그림을 통해서 생존의 힘을 얻고 영혼의 정화를 경험하고 싶다. 그림을 매개로 세상에 가득한 행복과 사랑을 이야기하고 싶다. 그리하여 내가 받은 사랑과 모두가 조금씩 나눈 사랑이 어마어마한 '힘'이 되어 또 다른 선한 일을 만들어 내는 놀라운 경험을 함께 누리고 싶다.

호흡하는 자에게는 기쁨과 소망이 있습니다

...

그림을 처음 시작했을 때 살고 있던 곳은 안양이었다. 동료들과 함께 그림 공부를 하기 위해서 광명에 있는 공동화실을 거쳐 목동에 개인 작업실 '탁화실'을 마련했다. 일명 '목동 시대'를 시작한 지도 20년이 되었다. 1997년 목동으로 이사하고 수레바퀴선교회 사무실 안에 공동화실을 꾸민 후 양천미술협회전을 다녀왔다. 익히 들었던 여러 화가들을 만나게 되었고 몇 분이 작업실을 방문해서 차 한잔 하자셨다.

그런데 그 말씀은 그냥 지나가는 인사말이 아니었다. 화단의 큰 스승이고 한국 미술의 한 획을 완성한 분들이 내 개인 작업실을 방문하신다니 처음에는 믿기지 않았지만 틀림없는 현실이었다. 놀랍고 조금은 부담스러운 일이 아닐 수 없었다. 화실을 방문하는 그분들에게 나의 작업이 온전하게 드러나는 것이니 어찌 마음 편할 수 있으랴. 더군다나 그분들이 초대에 감사하다는 말씀을 하시니 나로서는 더없는 영광이었다.

선생님들과 장애인 공동화실에서 그림에 대한 이야기를 나누었는데 그때 좋은 말씀도 많이 해 주셨다. 따뜻한 말씀은 지금 생각해도 고맙고 감사하다. 그림에 대한 나름의 철학을 참 쉽게도 말씀해 주셨고 우리가 왜 그림을 그리는지, 그릴 수밖에 없는지를 오랜 경험을 바탕으로 고백하듯 말씀해 주셨다. 그리고 생을 마감할 때까지 화가로 살 수 있는 것이 가장 큰 행복이며 소망이라는 말씀도 보태셨다. 특히 '고성종' 교수님은 지방대학에 근무하시는 바쁜 일정 속에서도 내가 어디가 예쁘다고 밥도 사 주러 자주 오시고 창작 과정의 세세한 것까지를 먼저 알아주시고 도와주시려고 했다. 천사의 마음을 가진 어르신이셨다.

선생님들을 만나 이야기를 나누며 놀라웠던 것은 이분들의 삶 역시 평탄한 대로(大路)는 아니었다는 것이다. 가정 형편상 고교를 졸업하고 미대를 못 간 상태에서 극장 간판을 꽤 오래 그리며 살았노라는 이야기는 생활에 대한 책임을 짊어진 삶의 고통과 예술과 창작에 대한 열정을 느낄 수 있었다.

또, 미대 교수가 되어 미술대학에서 공부하고 싶은 장애 학생을 만났던 일화를 말씀하시면서는 목소리가 좀 높아지셨는데 그 모습에서 예술가로서의 순수와 정의를 만날 수 있었다. 학교에 지원한 장애인 학생에게는 묻지도 않고 공부가 힘들지 않겠냐고 판단해 버린 비장애인들의 경솔함과 무모하게 당당한 편견에 맞서 선생님은 목소리를 높이셨단다. 장애 학생이 할 수 있다고 생각하고 원한다면 그 또한 교육을 받아야 한다고 주장한 이야기에는 든든한 힘이 느껴졌고 그대로 감동이었다.

화실을 찾아 그림 사조와 현대 미술에 대한 전반적 이론과 정보를

붓을 끼우고 작업하는 모습

출판기념회에서 지인들과

낭만화가 탁용준 83

양천구민의 날 '올해의 문화예술상' 수상

강의해 주셨던 덕성여대 '이반' 교수님, 그림의 세계에 접근하기 위해 노력했던 자신의 고된 경험을 이야기해 주신 '서봉남' 선생님은 예술에 대한 진지한 고민이 무엇인지를 깨닫게 하였다. 또, 지금은 고인이 되신 '이그람' 선생님은 그림 작업을 하며 노동일을 하셨던 이야기를 해 주셨는데 나는 말씀을 듣는 내내 선생님의 예술혼에 감탄했고 존경의 마음을 숨길 수 없었다. 살면서 만난 여러 번의 행운 중에 선생님들을 만나 뵐 수 있었던 것은 단연 으뜸에 견줄 만한 기쁨이었다.

세상 모든 사람들은 귀하고 귀한 존재이다. 때문에 사랑받고 행복해야 한다. 이러저러한 일들로 고통과 고난이 계속될 수 있지만 보이지 않고, 찾으려는 의지가 현실의 절박함 때문에 잠깐 소멸되었을 뿐이지 분명 '행복'은 존재한다. 나는 이 소박한 진실을 널리 알리고 싶다. 쓰러진 한 사람 한 사람에게 힘주어 말하고 싶다. 내 그림이 그렇게 강력하고 따뜻한 속삭임이면 좋겠다. 호흡하는 모든 이들은 기쁨과 사랑을 가지고 있으니 그것을 찾고, 깨달아 행복할 수 있기를 기대한다.

그대에게 이 말을 꼭 하고 싶었습니다

...

　그림 작업을 하며 작은 소망을 품게 된 일이 있었다. 내 그림이 동화스럽고 따뜻하다는 감상과 작품평이 많아서 그림을 이용하여 시인이나 수필가 분들과 공동으로 책을 만들면 어떨까 생각했다. 그런 중에 우연찮게 기회가 생겼다. 마음에 품고 생각만 했던 일이 술술 물 흐르듯 진행된 것이다.

　나는 그림 작업 중 지루하고 힘들 때면 근처에 있는 CBS방송국 상가를 기웃거리며 소소한 즐거움을 찾았다. 그러던 어느 날 CBS문화센터 강의실을 둘러보는데 마침 문학특강이 진행 중이었다. 강사분은 이미 널리 알려진 좋은 시인, '용혜원' 목사님이셨다. 수강 신청을 하지는 못했지만 마음에 끌려 스르르 강의실 맨 뒷자리에 자리를 잡았다. 시간 가는 줄 모르고 강의를 들으면서 역시 말씀도 참 재미있게 하시고 내용도 참 좋구나 감동하고 있었다.

　목사님은 강의가 끝나고 내게 다가오셨다. 강의 중 눈이 몇 번 마주쳤지만 수업이 끝난 후 나에게 오라고는 전혀 생각하지 못했다. 목사님께서는 나보고 몸이 많이 불편해 보이는데 수업 중 내 얼굴에 미소가 너무 행복해 보였다고 하셨다. 이런저런 다친 이야기와 지금 그림 작업으로 생활하고 있다고 이야기하자 작업실이 멀지 않으면 빠른 시간 내에 방문하고 싶다고 하셨다. 바로 그다음 주에 화실을 방문하신다고 해서 고맙다는 말씀을 드렸지만 혹시 안 오시더라도 섭섭해하지 않겠다고 설레는 마음에 찬물을 끼얹어 안정시켰다. 유명한 분이니 얼마나 바쁘고 많은 일이 있겠는가 생각하니 이내 가벼운 마음이 되었다. 그런데 용 목사님은 약속을 지키셨다. 화실에서 목사님과 나는 제법 오랜 시간 그림 이야기, 시 이야기를 나누었다. 책에서 느낀대로 목사님은 시처럼 세상을 따뜻하게 바라보는 분이셨다. 한참을 이야기하다가 목사님이 놀라운 제안을 하셨다. 나와 함께 시화집을 발간하자는 것이었다.

평소 소망으로 여겼던 일이 현실로 이루어지니 기쁨보다는 놀라움이 먼저였다. '이런 일도 있구나.'라는 감사와 감동은 쉬이 가시지 않았다. 그러나 우리나라 최고 다작 시인의 제안보다 더 큰 영광과 기쁨이 있었다. 그것은 용 목사님과 내가 함께 만든 책을 많은 사람들이 읽고, 보고 즐거워할 일이었다. 기회를 놓칠 수 없었다. 나는 흔쾌히 수락하고 기대감을 감추지 않았다.

용 목사님은 현재 출판사와 전속계약이 되어 있으니 계약이 끝나는 2년 뒤에는 공동으로 작업하여 좋은 책을 만들어 보자고 하셨다. 그러면서 그동안 좋은 작업 많이 하라고 격려와 기도를 남기고 화실을 떠나셨다. 용 목사님의 뒷모습을 보면서 많은 사람들에게 인정받고 세상에 널리 알려진 분들의 진심어린 약속과 배려가 참 아름답다고 생각했다. 그리고 용 목사님과 시화집을 만든 이후에 시화집 몇 권을 더 만들면 좋겠다는 소박한 꿈을 꾸었는데 그 꿈 또한 감사하게도 이루어졌다. 어떤 일은 호흡하듯 진행되고 이루어졌다.

2014년 우리나라에는 어처구니없는 사건이 있었다. 나는 아이들을 태우고 제주도로 가던 세월호가 침몰한 모습을 텔레비전 뉴스로 보면서 아내와 함께 주체할 수 없는 눈물을 흘리고 있었다. 나뿐만 아니라 대한민국 모든 국민들은 내 일처럼 가슴 아파했을 것이다.

한참을 애통함 속에서 보내던 어느 날, 친구 아내에게서 전화가 왔다. 양귀비를 그림으로 표현한 적이 있냐는 물음이었다. 나는 양귀비 꽃길을 그린 그림을 보내 주었고 친구 아내는 받아 보고는 그 그림 이미지를 주위 분들에게 나눠 주면 어떻겠느냐고 제의했다. 양귀비의 꽃말이 '위로'와 '희망'이라면서 말이다. 나는 작은 그림 이미지 하나가 힘들고 어려운 사람들에게 잠시나마 위로가 된다면 더없이 좋겠다며 흔쾌히 수락했다.

그런데 그 일이 있고 며칠 지나지 않았는데 내가 보내준 양귀비 꽃 그림이 SNS를 타고 카카오톡으로 전파되며 많은 사람들이 위로받고 힘을 얻는다는 소식을 듣게 되었다. 나는 그 순간 이것이 '그림이 주는 힘이구나.' 감탄했다.

여기저기서 '그 꽃 탁 선생 작품이냐.'는 문의 전화와 축하 전화가 한 달 남짓 이어졌다. 나는 곰곰이 생각하다가 위로와 희망 그리고 늘 꿈꿔 왔던 행복을 주제로 그림책을 내기로 결심하게 되었다. 기왕에 내 작품이 많은 사람들을 위로하고 있다면 그동안 작업했던 그림들을 잘 담은 책을 만들어서 보여 주면 좋지 않겠는가. 의도와 목적은 명쾌하고 좋았다. 그런데 정작 책을 만들자니 어려운 것이 한두 가지가 아니었다. 그림책은 출판물에서 컬러 인쇄 비용과 종이 등에 고액이 필요했다. 감당하기에는 버거웠지만 그렇다고 포기할 나도 아니었기에 포기하지 않았다. 처음부터 돈을 벌자고 출판하려는 것이 아니었기에 누군가가 꼭 필요한 부분에 도움을 줄 수 있을 거라고 믿었다. 방법은 의외로 가까운 곳에서 찾을 수 있었다.

나는 문화체육관광부 문화예술사업 공모에 지원했고 지원대상 사업으로 선정되어 책을 낼 수 있게 됐다. 그림책을 만들어 불의의 사고로 병상 생활을 하는 환우들과 가족들에게 힘을 주겠다는 발간 계획서가 심사위원들의 마음을 움직인 것이다. 내가 오랫동안 몸담았던 희망방송에서 기획 단계부터 계획서 작성에까지 힘을 보태 주었기에 가능한 일이었다. 우리는 우선 1,000권을 제작하여 우리나라에서 제일 큰 재활병원 3군데의 환우들과 가족들을 위한 그림 전시를 진행했고 동시에 '『행복』 책 무료 나눔 행사'를 했다. 반응은 가히 폭발적이었다.

150여 장의 그림과 짧은 글, 그것을 통해서 잠시나마 위로와 행복을 꿈꾸는 사람이 생겼다는 것에 더없이 감사할 따름이었다. 곧장 책을 만들어 준 출판사 대표가 또 다른 제의를 해 왔다. 『행복』 한정판 1,000권을 만들어 병원 나눔 사업으로 마치기에는 아쉽다고 다시 편집을 하여 일반 서점에 보급해 보자는 것이었다. 더 많은 사람들이 책을 읽고 위로받을 수 있다면 주저할 이유가 없었다. 또 하나의 소망을 품고 그 소망을 위해 더 큰 힘을 내서 이 일을 진행하기로 결심했다. 그리고 처음 그림을 시작했을 때 10년 뒤 첫 개인전을 선언했던 것처럼 2년 주기로 '사랑'을 주제로 한 책과 '동행'을 주제로 한 책을 만들어 세상에 내놓겠다고 새로운 선언을 공표했다.

별을 보며

...

　이제는 도시 생활과 바쁜 일상 때문에 하늘의 별을 쳐다본 지 오래되었지만 산골에 살았던 어린 시절 추억 속에는 까만 밤하늘에 은하수가 강을 이루며 흐르고 반짝이는 별들을 가슴에 담았던 시절이 있었다. 여름밤 마당 평상 위에서 하늘을 본 경이로운 추억의 편린이 지금 나의 그림 작업에 밑거름이며 주제가 되고 있다. 결혼 후 아이가 태어나고 또 아이와 함께 밤하늘의 별을 보며 백조자리, 큰곰자리 등 별 이야기를 들려주던 시간이 아들과 나눈 사랑이며 소중한 기억이다.

꽃과 꽃 그림에 대한 단상

　이제는 고인이 되어 하늘나라에 계신 아버지는 생전에 꽃집 앞을 그냥 지나치는 법이 없으셨다. 잘 살피시고 주로 감상을 하지만 혹 맘에 쏙 들면 가벼운 주머니를 털어서라도 꽃 화분을 사셨고, 선물을 받은 아이처럼 흡족한 얼굴로 집에 들어오셨다. 그리고 그 후로는 사 오신 꽃 화분을 닦고 물 주시며 시간에 맞춰

산책길에서

92 누구 시리즈 ⑤

햇빛을 쪼이며 아이 다루듯이 완상(玩賞)의 세계로 빠지셨다.

내가 결혼 후 분가하여 가끔씩 찾아뵈올 때마다 언제나 하시는 일은 꽃 화분 돌보기셨다. 새로 봉긋이 올라온 꽃망울과 은은한 향을 자랑하며 이야기하시는 모습이 참 아름답게 회상된다. 그런 아버지를 보고 자라서인지 나는 꽃이 참 좋다. 그래서 내가 꽃을 소재로 한 동화 그림과 정물화를 많이 그리나 보다. 꽃 그림을 작업할 때 기분이 참 좋고 그림 색감 역시 밝아진다.

풀꽃의 아름다움!

널리 알려진 이름도 없고, 비싼 가격도 아니지만 수수한 색과 자연스럽게 흐트러지며 피어나는 꽃 모양이 좋다고 말씀하시던 아버지의 표현에 공감한다. 좀 제대로 된 화분을 가져 보라는 이야기와 값나가는 귀한 것 하나가 더 좋지 않냐는 주위의 간섭 아닌 간섭에도 풀꽃을 좋아하시는 아버지의 순박한 마음이 나는 좋다. 그래서인지 아직도 잠들기 전에 우리 가족이 좋아하는 모든 꽃을 빽빽이 심었던 옛집 마당의 즐거움을 회상하면 그날은 행복한 꿈을 꾸게 된다.

부모님을 생각할 때마다 눈물이 떠나지 않는 것은 비단 나뿐만이 아닐 것이다. 나는 아버지의 소박하고 순박한 마음과 어머니의 인내와 겸양을 자랑스러운 유산이라고 믿고 있다. 어머니는 나의 장애를 크게 가슴 아파하고 회복되기를 간절히 기도하셨다. 매일 눈물로 기도하는

가족사진을 넣어 본 가족그림

어머니를 보면서 내 마음을 새롭게 달래고 정돈했으며 의지를 새롭게 하는 것으로 어머니의 눈물을 닦아드리고 싶었다. 그리고 어머니의 기도에 보답하고 싶었다. 그림을 그리게 된 것도, 그림을 그리는 힘도 모두 어머니의 눈물의 기도에 힘입었음을 고백하지 않을 수 없다. 남편, 아버지로서의 책임감을 새기고 열심히 살아왔던 것 또한 어머니의 간절한 기도의 응답이리라.

2012년에는 '아! 어머니' 란 주제로 10번째 개인전을 열었다. 어머니가 주신 한없는 사랑과 지혜와 인내로 순종해 오신 어머니의 평생을 기억하니 감히 그것을 가늠하기조차 송구한 것을 깨닫게 되었다. 무조건적인 사랑과 헌신은 나를 키웠고 새롭게 살게 했다. 나는 하나님을 닮은 어머니의 사랑을 생각하면서 어머니의 일상 소품인 낡은 빨래판, 도마 등에 그림을 그렸다. 어머니와 가장 가깝던 물건을 마주하는 것만으로 울컥 어머니의 사랑을 느끼게 되는 것은 '어머니' 를 생각하는 것만으로도 내 몸을 두르는 온기와 감싸는 평안의 기운을 느낄 수 있기 때문일 것이다.

'어머니, 어머니! 사랑하는 나의 어머니'

전시된 작품은 어머니의 일생을 말했다. 꽃다운 나이의 어머니부터 아이를 키우는 모성의 시대, 생계를 위한 억척의 시대를 거친 어머니의 시간을 이야기하고 있다. 그리고 노년이 되어서까지 자식을 위해 손주를 돌보고 그들을 위한 무조건적인 축복의 기도를 올리는 모습 등을 담

작품 기증식에서

전시회 방송촬영 중

낭만화가 탁용준 97

아서 어머니의 헌신의 일생을 관객들과 다시 생각하고 싶었다. 전시는 독특한 소품 때문이었는지 큰 호응을 받았다. 더불어 작품과 함께 어머니에 대한 감사와 사랑을 담은 책 『사랑』도 출간했다. 부르기만 해도 울컥 눈물이 솟고 생각만 해도 미안하고 가슴 시린 어머니의 얼굴과 마음은 『사랑』에 담겨 더 멀리멀리 퍼져 갈 것이다.

더 큰 세계로 힘차게 나아 갑시다

...

    서울 양천구 목동에서 터를 잡은 후 작업한 지가 20여 년이 지났다. 양천구에서는 매년 양천을 빛낸 사람을 선발하여 시상을 하는 제도가 있는데 나는 2014년 양천구 문화예술 부문으로 추천을 받게 되었다. 양천구 복지과 직원이 검증 개념으로 화실에 와서 인터뷰를 하고 그동안 활동했던 자료 등을 수집해 가면서 좋은 말씀을 해 주었다. 문화예술 방면에서 열심히 활동하시는 분이 양천구에 있다는 것이 큰 자랑이라면서 올해 문화예술상은 특별히 의미가 더 깊다는 것이다. 내가 양천구민의 자랑이라니 새삼 무엇인가 책임감 같은 것이 느껴졌다. 살고 있는 아파트 조경을 위해 작품을 기증했던 것처럼 양천구를 위해 할 수 있는 일을 찾아보자 생각하였다.

    '양천구 구민의 날' 행사에 수상자로 선정되어 상을 받게 되었고 양천문화회관 로비에 약력과 얼굴이 고정물로 설치되어 얼굴을 알리게 되었다.

    그런데 며칠 뒤 담당 공무원으로부터 전화 연락이 왔다. 내게 '양천구민상'으로 끝나기에는 너무 아까운 이야기가 많이 있으니 윗분들과 상의 후에 양천구에서 지자체 추천으로 몇 년 전에 생긴 '대한민국 국민추천포상'에 후보로 올리고 싶다는 내용이었다.

뭐 그리 대단한 사람도 아니고 자랑할 만한 무엇이 있는 것도 아닌 사람을 추천한다니 솔직히 기쁘기도 했지만 부끄러움도 컸다. 담당 공무원들이 화실을 몇 번 다녀가면서 그동안의 작업과 사회와 함께한 일 등 자료를 정리해 가며 좋은 일이 있으면 좋겠다고 애써 준 모습이 참 아름답고 감사했다.

서류가 행정자치부로 넘어가고 행정자치부에서도 몇 차례 실사를 나온 후에 생각지도 않았던 일이 생겼다. 내가 '대통령표창' 수상자로 선정된 것이다. 그것도 국민 추천으로 상을 받게 되었으니 더 기쁘고 감사한 일이 아니던가.

그림을 그리면서 내가 얻은 행복을 타인과 나누기를 간절하게 소망해 왔던 것이 이렇게 보람으로 열매 맺은 것 같아서 감사, 감사의 마음이 차고 넘쳤다.

이후에도 참 감사한 일들이 이어졌다. 그동안 내 이야기가 여러 유명 신문, 잡지사에 소개되기도 했지만 푸르메재단 등에 함께 살아가려는 걸음을 소개하고 응원하는 기사가 이어진 것이다. 나는 그림 5점을 기부했고 환우들에게 큰 기쁨과 희망이 되었다는 소식을 전해들을 수 있었다.

내가 받은 사랑과 감사, 내가 얻은 행복과 용기를 전하고 나누고 싶었던 그림 그리기와 그것의 열매 맺음은 유명 화가로 이름을 얻는 것과는 견줄 수 없는 기쁨이고 감동이고 감사이다. 어렵고 힘들었던 시간 속에서도 함께해 준 아내와 아들, 뜨겁게 지지하고 응원해 준 가족들과 친구들, 그림 공동체와 모든 지인들에 대한 감사가 한없이 솟는다.

아주 특별한 소풍을 마치고 또 한 번 크게 웃으렵니다

...

이렇게 살아 보니 모든 것이 감사이다. 오래전 우연한 계기로 만난 '정두옥' 선생님은 척수장애인 그림쟁이들을 '징하게' 사랑하셔서 개인 화실도 내 화실 옆으로 옮기셨다. 이후 우리는 아직까지 순수와 진심으로 교류해 오고 있다. 또, 몇 년을 바쁜 생활 속에서도 열심히 찾아오셔서 도와주시는 누님 같은 '최윤희', '이수민' 선생님을 생각하면 어떤 것보다 감사의 마음이 먼저다. 모든 전시와 창작 과정이 나 혼자만의 작업은 아니었다. 가족을 비롯한 주위 분들의 사랑과 배려가 없었다면 결코 가능하지 않은 일이었다. 성경에 있는 말씀대로 협력하여 선을 이루는 하나님의 은혜임을 고백하지 않을 수 없다.

나이가 이순(耳順)이 가까워져서도 친구를 만나는 일은 늘 즐겁다. 몸이 불편해진 지가 꽤 오래되었지만 죽마고우 친구들은 늘 함께 동행해 주었고 학창 시절 연이 닿아 이루어진 친구 모임들은 늘 응원과 격려, 그리고 즐거운 이야기들로 삶에 도움과 기쁨이 되었다. 표현하기 쑥스럽지만 고맙고 고맙다. 스쳐 가는 수많은 추억들 중에 불쑥불쑥 예고도 없이 집에 찾아와서는 잠깐 얼굴 보고 차 한잔 마시고 돌아간 지인들, 친구들, 교우들이 있다. 그들에게는 말하지 않아도 통하는 서로의 웃음을 기억하자고 전하고 싶다. 그리고 힘든 생활 속에서도 늘 용기와 격려를 아끼지 않은 교회 공동체 형제, 자매들에게는 지금까지 그대들의 기도와 사랑으로 지내왔노라 고백한다.

상담에서 만난 사람들은 가끔 '사지마비 환자의 삶도 괜찮다.' 고 말하는 내게 통증이 없어서겠지 말한다. 천만의 말씀이다. 사실 견딜 수 없는 통증은 이미 친구이다. 나는 이불 속에 손을 못 넣고 잔다. 이불에 살갗이 닿기만 해도 아프고 쓰리다. 그중 다친 목 부분이 제일 아프다. 특히 비 오는 날은 더 심하다. 그래도 가족에게 내색하지 않는다. 좋은 노래도 3번 들으면 듣기 싫은데 앓는 소리야 더하지 않겠는가. 강하게 마음먹고 참고 견뎌야 한다. 가족과 나를 걱정하는 주위 사람들을 생각하면 이겨 내지 못할 것은 없다.

매번 만나는 환우들에게 '아픈 내색 하지 말라.' 고 말하는 것이 그들의 고통을 몰라서가 아니라 그 고통에 잠식되어 절망하게 될지도 모르는 현재를 두려워하는 것임을 그들 또한 잘 알고 있을 거라 생각한다. 우리는 동지이니까 말이다.

내가 좋아하는 천상병 시인은 삶을 '소풍'이라고 했다. 그렇다. 한 세상 재미있고 즐겁게 살다 하늘나라로 간다면 그 얼마나 큰 행복인가. 나는 지금처럼 내게 남은 삶을 그림과 함께하려고 한다. 더 열심히

가족은 내 삶의 힘이고 날개이다

104 누구 시리즈 ⑤

작품 앞에서

작업하여 그림으로 사랑과 행복을 전하며 사람들에게 힘과 용기를 주고 싶다. 그리고 오랫동안 잃어버리지 않을 꿈을 꾸게 하고 싶다.

올해 극동방송이 새로 건축한 본사 건물에서 진행된 전시에서 어린왕자 시리즈가 큰 관심을 받았다. 나는 주인공 어린왕자처럼 많은 사람들이 순수한 호기심과 따뜻한 마음을 잃지 않고 살아가기를 기대하고 소망한다. 그리고 그 일에 나의 시간과 열정을 쏟아 부을 것이다. 많은 사람들이 어린왕자처럼 하늘로 돌아가는 그때까지 순수를 좇아 행복한 꿈을 꿀 수 있다면 전신마비 장애화가로서의 내 '몫'을 다 한 것이리라. 그리고 육신의 삶을 다 하고 하늘로 돌아가서는 '수고했다, 사랑하는 아들아' 칭찬받는 큰 꿈이 꼭 이루어지기를 소원한다.

| 주요 경력 |

한국미술협회 회원, 양천미술협회 이사, 수레바퀴 그림사랑회 회장, 빛그림 회원, 희망아트 회장, 기독교미술대전 초대작가, 한국미술인선교회 회원, 사미선 회원 외.

| 개인전 |

2000년 제1회 개인전(양천구민회관)
2003년 솔라피데찬양단 기금마련전(23점)(목동 지구촌교회)
2004년 제2회 개인전(예가족갤러리)
2006년 제3회 개인전(예가족갤러리)
2006년 제4회 하늘정원 개인초대전(스페이스 맘)
2008년 제5회 아름다운 땅 갤러리(서울 서초구 사랑의 교회)
2008년 제6회 개인전(양천문화회관)
2011년 제7회 로뎀아트 초대전(안양 새중앙교회 로뎀아트갤러리)
2011년 제8회 KSD문화갤러리(서울시 영등포구 여의도동 한국예탁결제원)
2012년 제9회 로뎀아트 초대전(안양 로뎀아트갤러리)
2012년 제10회 EAC 갤러리 개관 초대전(서울시 관악구 EAC갤러리)
2013년 제11회 KBS 갤러리 초대전(여의도 KBS본관 로비 시청자갤러리)
2013년 제12회 아름다운 동행 25전(양천구 해누리 타운 3층 갤러리)
2013년 제13회 제2회 아트피스 초대부스전(강남구 신사동 광림문화회관)
2013년 제14회 EAC갤러리 어머니전 초대전(관악구 인헌동)
2014년 제15회 로뎀아트 초대전(안양 로뎀아트갤러리)
2015년 제16회 2015신년초대전(평촌 새중앙갤러리)
2015년 제17회 국립재활병원 외 3개병원 순회전(국립재활병원, 인천, 서울시립북부병원)
2016년 제18회 새중앙교회 4월초대전
2016년 제19회 사랑나눔전(목동 한사랑갤러리, 인사동 JH갤러리)
2017년 제20회 『사랑』 출판기념전(극동방송 극동갤러리) 외.

| 자선개인전 |

2009년 희망 나눔 그림전(38점)(양천구 양천문화회관) 외.

| 단체전 |

1994~2016년 수레바퀴 그림사랑전 '또 하나의 밝은세상'(횃불선교회관, 양천구민회관)
1994~2008년 연세대 청송전(연세대)
1995~2017년 광명 빛그림전(광명시민회관)
1995~1998년 일어서는 사람들의 기록전(안양문예회관)
1996~1997년 안양포도예술제(안양문예회관)
1996~2014년 한국장애인 미술협회전(경인미술관, 롯데월드갤러리)
1995~2000년 장애복지21 초대전(서남갤러리, 조선일보 미술관)
1996~2001년 삶의 소리전(부천문예회관, 부천시청)
1995년 황소 걸음전(인사동 갤러리 터)
1996~2001년 한빛전(광명시민회관)
1997년 남강고 동문기획전(관악구 신림동 남강고 체육관)
1997년 가톨릭 북한 어린이 돕기전(경인미술관)
1999~2016년 양천미술협회 정기전(양천문화회관)
2000~2004년 대전 붓사랑전(대전중앙병원)
2000년 제3회 광주비엔날레 여백의 한자리전(갤러리 인재)
2000년 양천 미술인 시화전(양천구민회관)
2002년 한·필리핀교류전(마닐라 갤러리)
2002~2005년 whynot전(양천문화회관)
2003년 양천 강서 구로 정예 작가전(각 문예회관)
2003년 아미회전(양천문예회관)
2004년 경도대학 초대전(예천문예회관)
2005~2015년 한국 미술인 선교회전(밀알 미술관)
2005년 라파의집 자선전(진흥갤러리)
2005~2015년 꿈꾸는 자의 고백전(진흥갤러리, 사랑갤러리)
2005년 소리 없는 메아리전(청주 운보미술관)
2005, 2010년 한국미술협회전(예술의 전당, 지상전)
2006년 크리스챤아트 페스티발(성남아트홀)
2006년 카자흐스탄 국회 벽화전(카자흐스탄 국회)
2006년 내 영혼의 비타민전(분당 할렐루야교회)
2006년 크리스마스 소품전(파블로갤러리)
2006년 Christmas Oratorio초대전(참좋은교회 갤러리)
2007년 대한민국 크리스챤 작가 초대전(서울시립 미술관)
2007년 평양대부흥 100주년 기념전(양화진전) 이화아트갤러리

2007년 정우갤러리 개관전(서초동 정우갤러리)
2007~2016년 마고스의 경배전(아름다운 땅 갤러리, 사랑갤러리)
2005~2016년 사미선 정기전(아름다운 땅 갤러리, 사랑갤러리)
2005~2016년 사미선 부활절 기념전(아름다운 땅 갤러리, 사랑갤러리)
2008~2016년 불우이웃돕기 자선전(아름다운 땅, 지구촌갤러리)
2008년 북한 장애우 돕기 기금마련전(경복궁 역 메트로갤러리)
2009년 제2회 대한민국 에로티시즘 미술작품 공모대전 초대작가(수원미술관)
2009년 사랑의 인사 3인전(양천문화회관)
2010년 한중 미술작가 교류전(여의도 이룸미술관)
2010~2011년 인사동 사람들전(인사동 라메르미술관)
2010년 국민 대축제전(인사동 한국미술관)
2010~2017년 광명예술제(광명시민회관)
2011~2012년 한중일 교류전(서울시립미술관 경희궁 분관)
2011년 아시아 100인전(서울 한전아트플라자)
2011년 양천문화축제(양천구 해누리타운 전시실)
2013년 예술 만세 100인전(동숭동 예술 만세 갤러리)
2013년 울산 MBC 유명작가 초대전(울산시 MBC 갤러리)
2014년 프렌즈뮤지컬과함께 이웃돕기후원전(영등포아트홀)
2015년 기독미술50년전(인사동 미술세계 전관)
2015년 희망아트 창립전(금천구 월드메리앙 갤러리)
2010, 2013, 2015년 한국미술협회전(예술의 전당 한가람 미술관)
2016년 빛과 생명전(강남구민회관) 외.

| 공모전 |

1999년 대한민국 현대미술대전(한국디자인 포장센터)
1998~1999, 2003년 대한민국 기독미술대전(이화여자대학교 미술관)
1994~2000년 곰두리 미술대전(세종문화회관 전시관)
2004년 제12회 대한민국 기독교미술대전 우수상(조선일보사 갤러리)
2005년 행주미술대전(경기도 일산 호수갤러리)
2006년 경향미술대전(경향신문사갤러리)
2010년 장애인문화예술국민대축제 입상(인사동 한국갤러리) 외.

| 수상 |
1998년 04월 양천구 장애극복상(양천구청)
2013~2015년 UCC 우수상(스페셜k, 수레바퀴ucc)
2014년 10월 문화예술상-문화체육관광부 장관 표창
2015년 05월 양천구민상-문화예술 부문(양천구청)
2015년 12월 국민추천포상 대통령 표창
2016년 01월 기독출판 우수도서상(사단법인 한국기독교출판협회) 외.

| 저서 |
시화집 『그리울수록 사랑이 그립습니다』(예스북)
『숨쉬듯이 기도하듯이』(생명의 말씀사)
『呼吸 するように 祈るように』(日本 福音文化社)
수필집 『사랑하라. 오늘이 마지막인 것처럼』(미래북)
『행복충전』(미래북)
『사랑이 나에게 가르쳐 준 것』(미래북)
『행복』(누가출판사)
『사랑』(누가출판사) 외.

| 공영방송 그림 찬조 |
2013년 SBS방송 TV드라마 수상한 가정부 그림 5점
2014년 SBS방송 TV드라마 따뜻한 말 한마디 그림 1점
2015년 SBS방송 TV드라마 미녀의 탄생 그림 3점 외.

| 주요 작품 소장처 |
한국예탁결제원, 한국장애인고용촉진공단, 경기도 부천시청, 서울시 양천구의회, 수원교도소(교화용 기증), 예가족갤러리, EAC갤러리, 서울 사랑의 교회, 국제제자훈련원, (사)희망방송, 극동방송, 연세의료원 재활병원, 국립재활병원, 인천세브란스병원, 복지법인 에덴하우스, 서울시립북부병원, 푸르메재단 넥슨어린이재활병원(5점 기증) 외.